DUMONT EXTRA

Venedig

Christoph Hennig

Inhalt

Benv

Keine Stadt der Welt hat die Fantasie der Menschen mehr beschäftigt als Venedig. Die einstige ›Königin der Adria‹ gilt als Ort der Liebe und der Dekadenz, der strahlenden Schönheit und des Todes, der rauschenden Feste und der fauligen Kanäle. Aber hinter den unvermeidlichen Klischees hat sich Venedig – allen Untergangsprophezeiungen zum Trotz – einzigartig und faszinie-

enuti!

rend erhalten. Eine Stadt von fast unwirklicher *bellezza,* auf dem Wasser erbaut und dabei durch Millionen in den Meeresschlamm gerammter Eichenpfähle doch fest gegründet. Seit 1000 Jahren kommen die Fremden in die Lagunenstadt, und traditionell sind sie herzlich willkommen. Denn wie Venedig früher auf den Handel angewiesen war, so lebt es heute vom Tourismus.

Venedig

"Stadt der Gondeln"

Venedig war immer eine kosmopolitische und tolerante Stadt. Schon vor vielen Jahrhunderten bewegten sich wie heute Menschen aus aller Welt auf dem Markusplatz und der Rialto-Brücke, und die Venezianer griffen Anregungen von überall her auf. Man braucht sich nur die Markuskirche anzuschauen: Orientalische Kuppeln wölben sich über romanischen Skulpturen, griechische Kunstwerke stehen neben syrischen und byzantinischen. Eine unglaublich farbige, vielfältige Welt tut sich auf – und diese Farbigkeit hat ihren Ursprung in der Offenheit für fremde Einflüsse. Venedig war ein Schmelztiegel der Kulturen wie heute New York oder Paris.

Neben dem großartigen, dem bekannten und internationalen Venedig existiert aber auch die provinzielle Atmosphäre der Stadtviertel, in denen jeder jeden kennt und wo man sich regelmäßig im *bácaro,* der Weinkneipe, zu einem Gläschen trifft. Immer wieder ist ja davon die Rede, Venedig sei völlig von Touristen überlaufen, es habe sich gleichsam an den Fremdenverkehr verkauft. Gewiss, die Fremden sind in der Lagunenstadt überall gegenwärtig. Aber das venezianische Eigenleben läuft fast unberührt davon weiter. Um einen Eindruck davon zu gewinnen, braucht man sich nur ein wenig vom Markusplatz oder der Rialto-Brücke zu entfernen. Dann sieht man auf dem Platz vor San Pietro di Castello die jungen Mütter miteinander plaudern, während ihre Kinder zusammen spielen; oder man gelangt in eine unscheinbare Bar, wo im Halbdunkel die Pensionäre ihre *ombra* trinken – wie das Glas Wein in Venedig heißt – und die letzten Fußballergebnisse kommentieren.

Das Leben hier ist keine Idylle: Viele Wohnungen befinden sich in einem heruntergekommenen Zustand, manche sind feucht, und die Mieten liegen höher als in jeder anderen italienischen Stadt. Daneben gibt es auch edel restaurierte, prunkvolle Apartments, doch die haben für Normalbürger unerschwingliche Preise. Sie dienen einer kleinen Oberschicht oder werden, häufiger, von wohlhabenden Auswärtigen – Italienern wie Ausländern – als Ferienwohnung genutzt. Das Wohnungsproblem ist die Hauptursa-

Venedig: immer wieder eine faszinierende Silhouette

che dafür, dass immer mehr Menschen die Lagunenstadt verlassen: Einst lebten hier mehr als 150 000 Menschen, heute sind es gerade noch 70 000 – bei sinkender Tendenz. Aber trotz aller Schwierigkeiten hängen viele Einheimische an ihrer Stadt wie der Kommissar Guido Brunetti aus Donna Leons Kriminalromanen, den immer wieder ein unerklärliches Glücksgefühl überkommt, wenn er durch die vertrauten Gassen spaziert.

Das Geheimnis der Stadt auf dem Wasser hat die Reisenden immer fasziniert. Noch heute wirkt Venedig – hier ist die abgegriffene Phrase wirklich am rechten Platz – wie eine Stadt aus dem Traum. Viele Bilder hat man schon vor der Reise gesehen, vieles wirkt bekannt, wenn man in Venedig ankommt. Aber die Allgegenwart des Wassers und das Fehlen des Autoverkehrs bringt den Besucher in eine ›irreale‹ Welt, eine märchenhafte Atmosphäre. Wo sonst hört man solche Geräusche? Das Glucksen der Wellen, die nachhallenden Schritte der Fußgänger, Stimmen aus einer Wohnung – alle diese Töne nehmen, ungestört durch Motorenlärm, einen ganz anderen Raum ein als in der gewohnten Umgebung. Und auch die *palazzi,* die Häuser, Brücken und Kirchen scheinen aus einer Traumwelt zu stammen.

Doch diese Traumwelt entstand auf handfesten Grundlagen. Jahrhundertelang häuften die venezianischen Kaufleute und Bankiers mit untrüglichem Geschäftssinn enormen Reichtum an. Kein europäisches Land – weder England noch Frankreich, Spanien oder Deutschland – hatte im 15. Jh. einen so großen Staatshaushalt wie die Lagunenstadt. Auf den 3300 Schiffen der venezianischen Handelsflotte waren rund 25 000 Seeleute beschäftigt, in der Tuchindustrie und auf den Werften arbeiteten mehr als 30 000 Menschen. Die städtische Oberschicht war für damalige Verhältnisse unglaublich reich. Rund 1000 Angehörige der Aristokratie nahmen jährlich allein aus Zinsen zwischen 700 und 4000 Dukaten ein (zum Vergleich: Die Errichtung eines repräsentativen Palazzo kostete damals rund 3000 Dukaten). Ein guter Teil dieser Vermögen wurde in die Verschönerung der Stadt und Förderung der Kunst inves-

Schwatzende Frauen in einem Gässchen, ausgelassen spielende Kinder an einem Piazza-Brunnen oder ein kleiner Plausch unter Kollegen – Venedig hat viele Gesichter

tiert. So gab es in Venedig ideale Bedingungen für die Herausbildung eines städtischen Gesamtkunstwerks.

Die Venezianer waren klug genug, dafür auch auswärtige Künstler und Handwerker heranzuziehen. Viele Bauwerke wurden von toskanischen und lombardischen Architekten entworfen. Auf einem Gebiet allerdings brauchte Venedig keine fremde Unterstützung: In der Malerei nahm es immer eine führende Stellung ein. Von Bellini, Giorgione, Tizian und Veronese bis zu Tiepolo und Canaletto brachte die Stadt große Virtuosen der Farbe hervor. Manche Maler, wie Tizian und Tiepolo, waren schon zu Lebzeiten ›Stars‹ der internationalen Kunstszene und erhielten viele Aufträge aus dem Ausland. Alle venezianischen Maler haben aber in ihrer Heimatstadt Hauptwerke hinterlassen. In zahlreichen Kirchen und in den ›Scuole‹ kann man die leuchtenden Bilder bewundern. Die schönste Sammlung befindet sich im Museum der Accademia.

Doch Venedig ist auch eine Stadt der Musik und der Literatur. Vivaldi, Scarlatti, Tschaikowsky, Richard Wagner, Strawinsky und viele andere haben hier komponiert. Im 18. Jh. gab es fünf Musiktheater, darunter das ›San Cassiano‹, das älteste öffentlich zugängliche Opernhaus der Welt. Heute ertönt auf den Kanälen eher neapolitanische als venezianische Musik – die amerikanischen und japanischen Gäste möchten von den Gondelsängern »O sole mio« hören. Aber in den Kirchen und hoffentlich bald auch wieder in der 1996 niedergebrannten Oper ›La Fenice‹ kann man noch immer Venedig als Musikstadt erleben.

Unübersehbar ist die Zahl der Schriftsteller, die Venedig zu ihrem Thema machten, von Thomas Mann über Ernest Hemingway bis zu Patricia Highsmith. Seit dem 19. Jh. entwickelt sich in der Literatur das Motiv der Dekadenz. Filme wie »Tod in Venedig« oder »Wenn die Gondeln Trauer tragen« haben das düstere Image noch verstärkt. Aber Venedig widerstand bislang zum Glück allen Untergangsprophezeiungen, obwohl das ökologische Gleichgewicht der Lagune schwer gestört ist: In den letzten 100 Jahren wurde rund ein Drittel ihrer Fläche trockengelegt oder zubetoniert – für Landwirtschaft, Hafenausbau, neue Industrieanlagen und die Parkplatz-Insel Tronchetto; gleichzeitig baggerte man tiefe Fahrrinnen für Öltanker aus, die das neue Industriegebiet Marghera erreichen sollten. Das alles hat die Strömungsverhältnisse in der Lagune durcheinander gebracht und führt zum immer häufigeren Auftreten des Hochwassers, bei dem man sich in Venedig nur noch mühevoll in Gummistiefeln oder auf hölzernen Stegen bewegen kann. Die Experten streiten darüber, wie man der *acqua alta* wirkungsvoll begegnen kann. Immerhin wurden in den letzten Jahren wichtige Schritte zum Schutz Venedigs unternommen. Stück für Stück legt man einzelne Kanäle trocken und befreit sie von Schlick und Morast, die mit ihren Schadstoffen an den Fundamenten der Bauten nagen.

Ob Venedig die möglichen ökologischen Katastrophen der Zukunft überlebt, weiß niemand. Vorerst besteht es noch im alten Glanz, zur großen Freude der vielen Millionen Besucher aus aller Welt. Dennoch ist Venedig noch lange nicht ›zu Tode geliebt‹. Am Tourismus geht diese angeblich dem Untergang geweihte Stadt jedenfalls nicht zugrunde. Sie lebt mit den Reisenden und von den Reisenden – und wir Fremden leben glücklich mit ihr.

Geschichte

›Briefkasten‹ am Dogenpalast

421	Legendäres Gründungsdatum. Die Einwohner von Küstenstädten der Adria besiedeln auf der Flucht vor den Westgoten erstmalig die Lagune.
452 und 568	Hunnen- und Langobardeneinfälle in Norditalien führen zu neuen Siedlungswellen in der Lagune.
727–37	Regierungszeit des Orso Ipato, des ersten frei gewählten Dogen der Lagunensiedlung.
800–1000	Starker wirtschaftlicher Aufschwung. Handel mit Seide, Gewürzen, Kunsthandwerk aus dem östlichen Mittelmeerraum, aber auch mit Öl aus Istrien und Salz aus der Lagune. 827 wird die Insel Olivolo (heute San Pietro in Castello) Bischofssitz. 828 bringen venezianische Kaufleute die Gebeine des hl. Markus aus Alexandria nach Venedig.
1080	Die Venezianer verhindern das Vordringen der Normannen im östlichen Mittelmeerraum. Als Dank verleiht Alexios I. von Byzanz Handelsprivilegien.
1202–1204	Im vierten Kreuzzug Eroberung und Plünderung von Konstantinopel unter venezianischer Führung. Venedig erlangt die Herrschaft über große Teile der griechischen Westküste und der Ägäis.
1380	Venedig besiegt Genua und sichert sich damit endgültig die Herrschaft im adriatischen Raum.
1423–1457	Größte territoriale Ausdehnung unter dem Dogen Francesco Foscari.

1492 und 1498	Mit der Entdeckung der Seewege nach Amerika und Indien und der Verlagerung der internationalen Handelsströme beginnt ein wirtschaftlicher Niedergang.
1508	Kämpfe zwischen Venedig und der ›Liga von Cambrai‹ (Habsburg, Spanien, Frankreich und Papst). Durch diplomatisches Geschick behält die Stadt ihre Territorien.
1517–1571	Venedig verliert Rhodos, Zypern und zahlreiche griechische Inseln an die Türken.
1576 und 1630	Verheerende Pestepidemien.
1669	Eroberung Kretas durch die Türken.
1718	Frieden von Passarowitz. Venedig verzichtet auf Ländereien in Dalmatien und Griechenland.
1797–1866	Einmarsch Napoleons und Abdankung des letzten Dogen. Nach dem Wiener Kongress gehört Venedig zum Habsburgerreich. Ein Aufstand gegen die Fremdherrschaft 1848/49 bleibt erfolglos. 1866 Vereinigung mit dem Königreich Italien.
1920–1940	Bau des Industriegebiets Marghera, das nach dem Zweiten Weltkrieg stark ausgeweitet wird.
1932	Erste Filmbiennale auf dem Lido.
1966	Eine Flutkatastrophe führt zu massiver Kritik an dem ökologisch verantwortungslosen Umgang mit der natürlichen Umgebung der Stadt. Gründung internationaler Hilfsfonds, erste Beschränkungen des unkontrollierten Wachstums der Industrie.
1995/1996	Beginn ausgedehnter Reinigungsarbeiten an Kanälen und Häuserfundamenten. Im Januar 1996 brennt die Oper La Fenice ab, wohl wegen Brandstiftung.
2000	Bei den Kommunalwahlen wird der Wirtschaftswissenschaftler Paolo Costa als Kandidat des Mitte-Links-Bündnisses L'Ulivo zum Bürgermeister gewählt.
2001	Auch bei den italienischen Parlamentswahlen, bei denen sich landesweit die rechte Koalition Casa delle Libertà unter Silvio Berlusconi durchsetzt, gewinnen die linken Parteien alle Direktmandate in Venedig und Mestre.

Gut zu wissen!

Enge Gassen: Eines der größten Probleme, die das Alltagsleben des Venezianers behindern, ist die Verstopfung der Wege durch die vielen Besucher. In den engen Gassen entsteht schnell ein ›Verkehrsstau‹, selbst wenn nur drei oder vier Personen den Durchgang blockieren. Man sollte also darauf achten, dass Passagen für den Durchgang frei bleiben, wenn man verzückt Schaufensterdekorationen oder Kirchenportale bestaunt oder im Gespräch an einer besonders schönen Stelle stehen bleibt. Die Einheimischen sind dafür dankbar!

Kassenzettel: Immer wieder verblüffend – bei jedem Einkauf, und sei es nur ein Apfel oder ein Bleistift, wird dem Kunden ein *scontrino,* ein Kassenzettel, aufgedrängt. Die italienischen Gesetze erlauben einen Verkauf ohne Steuerquittung nur in wenigen Ausnahmefällen (z. B. bei Briefmarken und Zigaretten). Mit den strengen Vorschriften soll der Steuerhinterziehung ein Riegel vorgeschoben werden. Der Erfolg ist zweifelhaft, doch bei Verstößen erhebt die Polizei drastische Bußgelder. Die können auch die Kunden treffen: Sie sind verpflichtet, ihren *scontrino* beim Verlassen des Ladens aufzubewahren und frühestens in 150 m Entfernung fortzuwerfen. In Restaurants und Hotels tritt an die Stelle des *scontrino* die ausführlichere *ricevuta.* Risikofreudige Wirte lassen die Gäste oft ohne Quittung ziehen; aber da man als Kunde mitverantwortlich gemacht werden kann, sollte man auf einer *ricevuta* bestehen.

Kleidung: Italiener sind temperamentvoll, aber sie legen zugleich Wert auf elegante Formen. Das gilt vor allem für die Kleidung. Als äußerst unfein gilt es in Italien, in Badekleidung in der Stadt herumzulaufen oder Restaurants (außer Strandcafés) aufzusuchen. In Venedig werden dafür sogar Bußgelder verhängt! In Kirchen sind die Kleidervorschriften besonders streng, vor allem für Frauen. Shorts und schulterfreie Blusen werden meist nicht gern gesehen. Man sollte diese Regeln mit Rücksicht auf die Einheimischen respektieren, selbst wenn man nicht damit einverstanden ist.

Sicherheit: Venedig ist eine friedliche Stadt mit wenig Kriminalität. Wie überall, wo viele Touristen verkehren, sollte man sich dennoch im Gedränge – vor allem auf den oft überfüllten Booten – vor Taschendieben vorsehen. Stellt man das Auto auf der Parkplatzinsel Tronchetto ab, sollte man möglichst alle Wertsachen aus dem Wagen räumen und das Autoradio ausbauen.

Taxis: Die Taxis sind in Venedig logischerweise Boote. Konsequenz: Jede Taxifahrt wird zum Luxus. Man kann sich nicht mal eben für

Orientierung

In Venedig verläuft man sich schnell, aber die vielen gelben Hinweisschilder zu San Marco, Rialto, Accademia, Ferrovia (Bahnhof) und Piazzale Roma helfen, wieder auf den rechten Weg zu gelangen. Schwieriger ist es, bestimmte Adressen zu finden: Die Postanschrift ist zur Orientierung ungeeignet, denn sie nennt nur den Stadtteil und die Hausnummer. In jedem der sechs Stadtteile (San Marco, Castello, Dorsoduro, Cannaregio, Santa Croce und San Polo) werden die Häuser aber durchlaufend gezählt, haben also meist Tausender-Nummern! Für Fremde ist das System völlig undurchschaubar. Man sollte daher möglichst neben der offiziellen Anschrift (wie ›Cannaregio 5550‹) auch den Namen der jeweiligen Gasse (z. B. ›Salizzada San Canciano‹) kennen. Aber Vorsicht: Viele Straßennamen existieren in Venedig mehrfach; zudem führen Straßenschilder die Namen oft im Dialekt an, was weiter zur Verwirrung beiträgt. In diesem Buch werden bei Adressen jeweils Stadtteil, Hausnummer und Straße angeführt. Der österreichische Schriftsteller Fritz von Herzmanowsky-Orlando hat behauptet, das rege Straßenleben in Venedig komme von den vielen ›Verirrten‹: »Immer wieder habe ich selbst Eingeborene der Lagunenstadt – darunter Briefträger und Polizisten oder städtische Ingenieure mit Messlatten – wehklagend vor Madonnenbildern gefunden: falsche Scham verbot diesen Unglücklichen, Auskünfte über den Weg einzuholen ...«

10 € ins Hotel fahren lassen, sondern muss immer mit relativ hohen Kosten rechnen! Vor der Fahrt sollte man unbedingt den Preis in Erfahrung bringen, sonst ist man vor unangenehmen Überraschungen nicht sicher. Auch nachts ist man nicht unbedingt auf Taxis angewiesen, denn Linienschiffe verkehren im Stadtgebiet bis in den frühen Morgen.

Trinkgelder: Trinkgelder in Restaurants und Hotels sind zwar nicht unerlässlich, aber üblich. Der normale Satz beträgt im Restaurant etwa 5% des Rechnungsbetrags. Das Aufrunden mit »Stimmt so!« ist nicht gebräuchlich; Man lässt das Geld beim Weggehen auf dem Tisch liegen. Mit Minibeträgen (unter 0,25 €) macht man einen kleinlichen Eindruck. Es ist ›vornehmer‹, gar nichts zu geben, als geringe Summen zurückzulassen! Das gilt auch bei anderen Dienstleistungen.

Sprachführer

Die Aussprache italienischer Wörter ist verhältnismäßig einfach. Im Regelfall wird auf der vorletzten Silbe betont. Die Aussprache entspricht der Schreibweise, mit folgenden Ausnahmen: *C* und *g* werden vor *i* und *e* als ›tsch‹ bzw. ›dsch‹ gesprochen (also *Cina* = ›Tschina‹, *Giorgio* = ›Dschordscho‹), vor *a*, *o*, *u* und *h* als k bzw. g (also *Chianti* = ›Kianti‹). *Gn* und *gl* werden wie ›nj‹ bzw. ›lj‹ gesprochen (also *gnocchi* = ›njokki‹, *maglia* = ›malja‹). Der Buchstabe *h* wird nicht ausgesprochen (*ha* = ›a‹). Doppelvokale (Diphtonge) sind getrennt zu sprechen (*polizia* = ›poli-zi-a‹, *automatico* = ›a-utomatico‹).

Besichtigungen

Ausstellung	mostra
Eintritt	ingresso
Öffnungszeit	orario di apertura
Ruhetag	giorno di chiusura

Einkaufen

Ausverkauf	saldi
bar	in contanti
Geschäft	negozio
Größe (Kleidung, Schuhe)	misura
Kleidung	abbigliamento
Kreditkarte	carta di credito
Lebensmittelgeschäft	(negozio di) alimentari
Leder	cuoio
Quittung	ricevuta
Rabatt	sconto
Scheck	assegno
Schuhe	scarpe
Straßenkarte	carta stradale

Notfälle/Krankheiten

Apotheke	farmacia
Arzt	medico
Entzündung	infezione
Erste Hilfe	pronto soccorso
Feuerwehr	vigili del fuoco
Fieber	febbre
Notfall	situazione di emergenza
Schmerzen	dolori
Unfall	accidente
Wunde	ferita
Zahnarzt	dentista

Post

Brief	lettera
Briefkasten	buca delle lettere
Briefmarke	francobollo
Postamt	ufficio postale
Postkarte	cartolina
Telefonbuch	elenco telefonico
Telefonkarte	scheda telefonica

Straßen-/Flugverkehr

Abfahrts-/Ankunftszeit	orario di partenza/arrivo
bleifrei	senza piombo
Fahrkarte	biglietto
Fahrplan	orario
Führerschein	patente
Gepäckaufbewahrung	deposito bagagli
Hin- und Rückfahrt	andata e ritorno

Die wichtigsten Sätze

Buon giorno.	Guten Tag/Auf Wiedersehen.
C'è un bagno, per favore?	Gibt es eine Toilette, bitte?
C' è posto?	Haben Sie einen Platz frei?
Come va? Bene, grazie.	Wie geht's? Danke, gut!
Da dove viene?	Woher kommen Sie?
Dov' è…?	Wo ist…?
È ottimo (eccellente).	Es ist ausgezeichnet.
Ho prenotato.	Ich habe vorbestellt.
Il conto, per favore.	Die Rechnung bitte.
Non ho capito.	Ich habe nicht verstanden.
Non parlo italiano.	Ich spreche kein Italienisch.
Parla tedesco (inglese, francese)?	Sprechen Sie Deutsch/Englisch/Französisch?
Posso telefonare?	Kann ich telefonieren?
Quando apre (chiude) …?	Wann öffnet (schließt) …?
Quanto costa?	Wieviel kostet es?
Scusi!	Entschuldigung!
Vorrei…, per favore…	Ich möchte bitte…

Parkplatz	parcheggio
Raststätte	area di servizio
Tankstelle	stazione di servizio
Wagenpapiere	libretto, documenti

Unterkunft

absagen	disdire
Adapter	adattore
Anzahlung	caparra
(mit/ohne) Bad	(con/senza) bagno
Bett	letto
Doppelzimmer	camera doppia
Dusche	doccia
Einzelzimmer	camera singola
Gepäck	bagagli
Heizung	riscaldamento
Hotel	albergo, hotel
Jugendherberge	ostello per la gioventù
Klimaanlage	aria condizionata
reservieren	prenotare

Zahlen

1	uno	25	venticinque
2	due	26	ventisei
3	tre	27	ventisette
4	quattro	28	ventotto
5	cinque	29	ventinove
6	sei	30	trenta
7	sette	40	quaranta
8	otto	50	cinquanta
9	nove	60	sessanta
10	dieci	70	settanta
11	undici	80	ottanta
12	dodici	90	novanta
13	tredici	100	cento
14	quattordici	200	duecento
15	quindici	300	trecento
16	sedici	400	quattroce.
17	diciassette	500	cinquece.
18	diciotto	600	seicento
19	diciannove	700	settecento
20	venti	800	ottocento
21	ventuno	900	novecento
22	ventidue	1000	mille
23	ventitre	2000	duemila
24	ventiquattro	Million	milione

Auskunft

Italienische Informationsbüros (ENIT)
Broschüren & Prospekte
Kostenlose Servicenummer für Deutschland, Österreich und die Schweiz: Tel. 00 800 00 48 25 42 (8–20, Sa 9–14 Uhr).
... in Deutschland
– Karl-Liebknecht-Str. 34
10178 Berlin
Tel. 030/24 78 39 7/8
Fax 030/24 78 39 9
Enit-berlin@t-online.de
– Kaiserstr. 65
60329 Frankfurt/Main
Tel. 069/23 74 30, 25 91 26
Fax 069/23 28 94
Enit.ffm@t-online.de
– Goethestr. 20
80336 München
Tel. 089/53 13 17
Fax 089/53 45 27
enit-muenchen@t-online.de
... in Österreich
Kärntner Ring 4, 1010 Wien
Tel. 01/505 16 39
Fax 01/505 02 48
enit-wien@aon.at
... in der Schweiz
Uraniastr. 32, 8001 Zürich
Tel. 01/211 30 31
Fax 01/211 38 85
enit@bluewin.ch

... im Internet
www.enit.it Homepage der ENIT (Italienisch, Englisch, Deutsch)
www.turismovenezia.it Site des venezianischen Tourismusbüros
www.venezia.net Events und Kulturprogrammen, in Italienisch
www.doge.it Touristische Infos in Englisch

... in Italien
Informationsbüros
Zentrale Tel.-Nr. 04 15 29 87 11
– Bahnhof (Ferrovia; B 3)
– San Marco (bei der Bootsanlegestelle Vallaresso; F 6)
– Lido (Viale S.Maria Elisabetta 6/A)
– Flughafen Marco Polo
Schriftliche Auskünfte
Azienda di Promozione Turistica
Castello 4421, 30122 Venezia
Fax 04 15 23 03 99
info@turismovenezia.it

Reisezeit

Venedig kann man ganzjährig besuchen. Auch im Winter gibt es milde Schönwetterperioden, und bei Kälte und Regen stehen genügend Kirchen, Museen und Cafés offen. Allerdings: »Venedig kann sehr kalt sein« – wie ein Krimi von Patricia Highsmith behauptet. Frost ist zwar eher selten (durchschnittliche Tageshöchsttemperatur im Januar 6 °C, im Februar 8 °C), aber die Feuchtigkeit der Lagune zieht bei niedrigen Temperaturen in die Knochen! Der große Vorteil des Winters: Außer in den Weihnachtsferien und während des Karnevals ist der Touristenandrang gering, und die Hotelpreise sind vielfach erheblich niedriger.

Kurz vor Ostern geht der Reisebetrieb los, es wird wärmer (durchschnittliche Tageshöchsttemperatur im April 17 °C, im Mai 21 °C), allerdings gibt es im April und Mai laut Statistik mehr Regentage (8–9 im Monat) als im Januar! An Ostern und an den Wochenenden um den 25. April (Nationalfeiertag) und 1. Mai ist Venedig völlig überlaufen. Im Juni wird es ruhiger; Juli und August gelten in manchen venezianischen Hotels sogar als Nebensaison, denn die Hitze (durchschnittliche Höchsttemperaturen um 28 °C) hält Besucher fern. Im Sommer kommen allerdings viele Tagesausflügler von den nahe gelegenen Badeorten der Adria und vom Gardasee in die Stadt.

September und Oktober haben meist noch sehr angenehme Temperaturen, kein Wunder also, dass sie zu den besonders beliebten Reisemonaten gehören.

Auch der November ist oft noch vergleichsweise mild (die durchschnittliche Tageshöchsttemperatur liegt bei 12 °C). Anfang Dezember senkt sich Winterruhe über die Stadt, die dann nur von den Weihnachtstagen unterbrochen wird.

Einreise

Bürger aus der EU und der Schweiz benötigen zur Einreise einen gültigen Personalausweis oder Reisepass, Kinder unter 16 Jahren einen Kinderausweis, oder sie müssen im Pass der Eltern eingetragen sein. Schweizer können ohne Visum bis zu drei Monate im Land bleiben, Autofahrer brauchen den nationalen Führerschein und den Kfz-Schein. Die Mitnahme der internationalen grünen Versicherungskarte ist nicht vorgeschrieben, aber empfehlenswert.

Zoll: Waren für den Eigendarf dürfen innerhalb bestimmter Obergrenzen (z. B. 90 l Wein, davon max. 60 l Schaumwein, sowie 10 l Spirituosen) zollfrei ein- und ausgeführt werden. Für Ein- und Ausfuhr in die Schweiz gelten noch die alten Richtwerte von max. 200 Zigaretten, 1 l Spirituosen oder 2 l Wein pro Person über 17 Jahre. Kontrollen finden selten statt, Stichproben sind aber möglich.

Anreise

Mit der Bahn

Direkte Verbindungen nach Venedig existieren von München, Zürich, Salzburg, Innsbruck, Wien. Aufgrund der niedrigen italienischen Fahrpreise ist die Bahnanreise preisgünstig (einfache Fahrt München – Venedig 60 €, Wien – Venedig rund 70 €, Basel – Venedig 80 €). Die Fahrtzeit beträgt ab München 7 Std., ab Zürich und Wien jeweils 8 Std.

Mit dem Auto

Aus dem südwestdeutschen Raum und der Schweiz führt die Strecke über Gotthard, Mailand, Verona (ab Basel 600 km), aus Bayern über Innsbruck, Brenner, Verona (ab München 550 km), ab Wien über Graz, Villach, Udine (580 km). Autoreisezüge verkehren im Sommerhalbjahr von Hamburg, Hannover, Dortmund, Köln und Neu Isenburg nach Verona.

Autobahnen sind in Italien gebührenpflichtig (ca. 5 € für 100 km). Die Benzinpreise liegen etwas höher als in Deutschland (Diesel rund 0,90 €, bleifrei und Super rund 1,10 €).

Parken: Man kann den Wagen am Piazzale Roma (bewachte Parkhäuser) und auf der Insel Tronchetto (unbewachter Parkplatz) abstellen. Die ›Garage comunale‹ am Piazzale Roma ist günstiger (20 € für 24 Std.) als die ›Garage San Marco‹ (25 € für 24 Std.).

Günstiger parkt man in Mestre (häufige Zugverbindungen nach Venedig, Fahrzeit 10 Min.). Auf dem bewachten Parkplatz ›Serenissima‹ direkt am Bahnhof Mestre (Viale Stazione 10) zahlt man 5 € am Tag. Wundern Sie sich nicht, wenn man Sie um Ihre Wagenschlüssel bittet, um das Auto ggf. während Ihrer Abwesenheit umparken zu können.

Mit dem Flugzeug

Direktflüge nach Venedig starten von Frankfurt, Düsseldorf, München, Zürich und Wien. Von allen anderen Flughäfen gibt es Verbindungen über Frankfurt, München oder Mailand. Kosten für Hin- und Rückflug mit dem Flieg- und Spartarif (Herbst 2001): ab Hamburg, Berlin und Frankfurt um 280 €, ab München 210 €, ab Wien 240 €, ab Zürich 550 CHF.

Vom Flughafen ›Marco Polo‹ fahren Linienbusse (Linie 5; 0,8 €) oder die blauen Flughafenbusse (Aerobus, 3 €) in 20 Min. an den Stadtrand (Piazzale Roma). Tickets erhält man im Tabacchi-Laden im Flughafengebäude. Im Linienbus kann man auch die Mehrtageskarten für die Linienboote benutzen (s. u.), die ebenfalls im Tabacchi-Laden erhältlich sind. Direkt ins Zentrum (Markusplatz) gelangen die Schiffe der Linie ›Alilaguna‹ (Fahrzeit 70 Min., 10 €). Sehr teuer sind Taxiboote (rund 80 € zum Markusplatz).

Öffentlicher Nahverkehr

Linienboote (vaporetti)

Auf dem Canale Grande verkehren zwischen Piazzale Roma, Rialto und Piazza San Marco die Linien 1 und 82. Die 1 hält an jeder Haltestelle, die schnellere 82 seltener. Von San Marco fährt die 1 weiter zum Lido.

Die Nachtlinie ›N‹ verbindet Piazzale Roma, Rialto, San Zaccaria und Lido (alle 20 Min.).

Den Rand des Altstadtgebiets bedienen die Linien 41 und (in Gegenrichtung) 42. Die 41 fährt auf einem Rundkurs von San Zaccaria (Nähe Piazza San Marco) zu den Fondamenta Nuove am Nordrand der Altstadt, nach Murano und über den Piazzale Roma auf die Giudecca. Die 51 beschreibt einen Bogen vom Lido über Fondamenta Nuove – Piazzale Roma – Giudecca – San Zaccaria zurück zum Lido, die 52 fährt denselben Kurs in Gegenrichtung. Auf die weiter entfernten Inseln Burano und Torcello gelangt man mit den Linien 12 und 14 (ab Fondamenta Nuove). Die 17 transportiert Autos von der Parkplatzinsel Tronchetto zum Lido. Zusätzliche Linien verkehren im Sommer. **Info:** www.actv.it.

Auf den wichtigen Strecken fahren die Boote in kurzem Abstand. Der Preis für eine einfache Fahrt beträgt 3 € (Herbst 2001). Empfehlenswert sind die 24- bzw. 72-Stunden-Tickets zu 9 bzw. 18 € und die Wochenkarte zu 32 €. Sie müssen vor der ersten Fahrt am Automaten abgestempelt werden.

Taxiboote (motoscafi)

Fahrten mit den venezianischen Taxis, den Motoscafi-Motorbooten, sind teuer. Die Fahrten vom Bahnhof zur Piazza San Marco und von dort zum Lido kosten z.B. jeweils 50 €. Dazu kommen noch Zuschläge für mehr als vier Personen, nachts, an Sonn- und Feiertagen, für Gepäck und Wartezeiten. Genaue Tarife müssen an den Standplätzen und in den Booten aushängen.

Man sollte sich nur den offiziell zugelassenen Booten anvertrauen! Sie sind an einem gelben Streifen mit der Aufschrift ›Comune di Venezia‹ erkennbar.
Standplätze:
Ferrovia (Bahnhof),
Tel. 041 71 62 86;
Piazzale Roma, Tel. 041 71 69 22;
Rialto, Tel. 041 523 05 75;
San Marco, Tel. 041 522 97 50;
Fondamenta Nuove,
Tel. 041 523 73 13;
Lido, Viale Santa Maria Elisabetta,
Tel. 041 526 00 59;
Flughafen Marco Polo,
Tel. 041 541 50 84.

Gondeln (gondole)

Gondelstandplätze findet man an vielen Stellen des Canal Grande. Eine Spazierfahrt von 45 Min. Dauer kostet rund 70 €, mit Musikbegleitung zusätzlich 100 €. In der Gondel haben bis zu sechs Personen Platz.
Traghetti: Eine günstige Gondel-Erfahrung kann man mit den *traghetti* machen: Gondelfähren, die an mehreren Stellen in wenigen Minuten den Kanal überqueren. Sie sind preiswert, doch unbequem: Man fährt im Stehen auf schwankendem Boot. Traghetti verkehren u. a. in Bahnhofsnähe bei San Marcuola, bei der Ca' d'Oro zwischen Fischmarkt und Santa Sofia sowie bei San Tomà und Santa Maria del Giglio.

Behinderte

Bei den **Informationsbüros** im Bahnhof und an der Bootshaltestelle San Marco erhält man spezielle Stadtpläne *(mappa per disabili)*, auf denen rollstuhlgerechte Brücken und Routen eingezeichnet sind. Die Info-Büros geben kostenlos auch die Schlüssel aus, die man für die Benutzung der Aufzüge an den Brücken benötigt.
Infotelefon für Behinderte:
Tel. 041 534 10 00
Hotels: Nur wenige Häuser sind behindertengerecht ausgestattet (vgl. S. 27, Hotel Flora). Sie gehören fast ausnahmslos zur Vier- und Fünf-Sterne-Kategorie. Im offiziellen Hotelverzeichnis sind sie durch ein entsprechendes Symbol gekennzeichnet.

Die meisten wichtigen **Bootslinien** (1, 12, 14, 17, 82) sind mit dem Rollstuhl zugänglich.

Ermäßigungen

In den staatlichen Museen ist der Eintritt für EU-Angehörige unter 18 und über 65 Jahren frei (Ausweis mitnehmen!). In vielen Museen gibt es eine Ermäßigung für Studenten. Junge Leute zwischen 14 und 29 Jahren zahlen mit dem Ausweis ›Rolling Venice‹ ermäßigte Preise auf den Linienschiffen und in manchen Museen, Hotels, Restaurants und Geschäften. Der Ausweis kostet 3 €. Beim Kauf ein Passfoto mitbringen (ohne Foto gilt er nur mit Personalausweis, Führerschein oder Reisepass). Er ist erhältlich bei:

Ostello per la Gioventù: s.S.29
Actv- (Schiffsfahrkarten-) Schalter: im Bahnhof Santa Lucia, Piazzale Roma, Rialto, Accademia, S. Marco Vallaresso, S. Zaccaria
Agenzia Arte e Storia:
Santa Croce 659, Corte Canal
(in Bahnhofsnähe),
Tel. 041 524 02 32.

Zu Gast

Mit Gondoliere-Musik über Kanäle gleiten, im ›Florian‹ Espresso trinken, auf dem Markusplatz die Tauben scheuchen, Malereien von Tizian oder Tintoretto und am Canal Grande die herrlichen Palazzi bewundern, Molen-Atmosphäre an der Riva degli Schiavoni schnuppern und venezianische Köstlichkeiten genießen – dieser Führer gibt Ihnen nützliche Tipps

in Venedig

und ausgesuchte Adressen an die Hand, damit Ihr Aufenthalt zu einem Erlebnis wird. Die große Extra-Karte hilft bei der Orientierung, denn die Gitternetzangaben bei den Adressen ersparen langes Suchen. Wer jedoch in Venedig ungewöhnlichen Spuren folgen möchte, sollte sich von den Extra-Touren leiten lassen ...

Das klassische Touristenziel Venedig bietet selbstverständlich ein großes Angebot an Unterkünften: In den etwa 200 Hotels stehen rund 14 000 Betten. Dennoch ist die Stadt oft ausgebucht. Vor allem in den beliebten Reisemonaten April, Mai, September und Oktober sollte man seine Unterkunft unbedingt vorbestellen! Auch über Neujahr und an den Karnevalstagen ist die Reservierung dringend zu empfehlen. Besonders großer Andrang herrscht um den 25. April (italienischer Nationalfeiertag) und um den 1. Mai, wenn viele Italiener für ein verlängertes Wochenende nach Venedig aufbrechen. Im Hochsommer dagegen kommen vor allem Tagesausflügler in die Lagunenstadt; manche Hotels bieten dann günstigere Preise.

Die Hotelpreise in Venedig sind für italienische Verhältnisse sehr hoch. Einigermaßen preisgünstig sind nur noch Zimmer ohne eigenes Bad in Ein-Stern-Hotels. Von wenigen Ausnahmen abgesehen, sind Doppelzimmer mit Bad auch in einfachen Häusern kaum unter 90 € zu haben. Die Ein-Stern-Hotels sind von sehr unterschiedlicher Qualität: Das Spektrum reicht von der ungepflegten Billigbleibe bis zur sympathischen Familienpension.

Unter den Zwei-Sterne-Hotels findet man richtige ›Schatzkästchen‹ ebenso wie vernachlässigte Häuser. Die venezianischen Drei-Sterne-Hotels bieten dagegen fast ausnahmslos einen guten Komfort, allerdings zu Preisen, zu denen man anderswo im Luxushotel unterkommt. Erstklassige Unterkunft kann man in den Vier- und Fünf-Sterne-Häusern erwarten.

Günstig

Alex (D 4)
S. Polo 2606, Rio Terrà Frari
Tel./Fax 041 523 13 41
mariofiorentini@libero.it
Bootslinien 1, 82: S. Tomà
EZ 49 €, DZ ab 65 €
Vor allem französische Reisende schätzen das familiäre kleine Hotel in der Nähe der Frari-Kirche. Die freundlichen Besitzer behalten über die maximal 20 Gäste leicht den Überblick.

Caprera (C 3)
Cannaregio 219, Calle Gioacchina
Tel. 041 71 52 71,
Fax 041 71 59 27,
www.caprera@gpnet.it
Bootslinien 1, 41, 42, 51, 52, 82: Ferrovia
EZ 53 €, DZ ab 79 €
Das makellos korrekte Zwei-Sterne-Hotel wird freundlich und engagiert geführt. Viele Zimmer haben kein eigenes Bad und sind deshalb recht preisgünstig. Die Räume 32–35 bieten jeweils einen kleinen Balkon (kein Aufpreis!). Das Haus liegt in einer ruhigen Seitengasse in direkter Nähe zum Bahnhof.

Casa Bocassini (F 3)
Cannaregio 5295, Calle del Fumo

Günstig	**DZ 60–100 € (91–151 CHF)** **EZ 30–60 € (45–91 CHF)**
Moderat	**DZ 100–180 € (151–272 CHF)** **EZ 70–120 € (106–181 CHF)**
Teuer	**DZ 200–260 € (302–393 CHF)** **EZ 170–190 € (257–287 CHF)**
Luxus	**DZ ab 280 € (423 CHF)** **EZ ab 200 € (302 CHF)**

Die Preise gelten für Übernachtung mit Frühstück. In der Nebensaison (Nov.–Anfang März, mit Ausnahme der Weihnachtsferien und des Karnevals, z. T. auch Juli und August) sind manche Hotels erheblich günstiger.

Tel. 041 522 98 92,
Fax 041 523 68 77
Bootslinie 41, 42, 51, 52: Fondamenta Nuove
EZ 57 €, DZ ab 82 €
Im hübschen Innenhof der freundlichen Pension kann man sich unter Weinlaub von den Stadtspaziergängen erholen. Als Gartenzwerge dienen stilecht venezianische Rokoko-Figuren. Ordentliche, z. T. sehr persönlich eingerichtete Zimmer; die weichen Matratzen sind allerdings nicht ideal für empfindliche Rücken.

Casa Caburlotto (B 5)
Santa Croce 316, Fondamenta Rizzi
Tel. 041 71 08 77,
Fax 041 71 08 75
Bootslinien 1, 52, 82: Piazzale Roma
EZ ab 31 €, DZ 72 €
Freundliche Ordensschwestern leiten diese kirchliche Herberge in einem schönen Renaissance-Palazzo mit sehr ordentlichen Zimmern. Die ungewöhnlich preisgünstige Unterkunft hat sogar einen schönen Garten. Der einzige Nachteil ist: Abends werden die Tore schon um 22.30 Uhr geschlossen.

Casa Cardinal Piazza (E 2)
Cannaregio 3539/A, Fondamenta Gasparo Contarini
Tel. 041 72 13 88,
Fax 041 72 02 33
Bootslinien 41, 42, 51, 52: Madonna dell'Orto
EZ 40 €, DZ 62 €
Kirchliche Unterkunft im historischen Palazzo Contarini-Minelli. Den Gästen steht ein wunderschöner großer Garten zur Verfügung – eine solche Oase bietet in Venedig kein Luxushotel! Schlichte, aber ordentliche Zimmer, alle mit eigenem Bad. Allerdings nichts für Nachtschwärmer: Um 23 Uhr müssen die Gäste im Haus sein.

Casa Linger (H 5)
Castello 3541, Salizzada S. Antonin
Tel. 041 528 59 20,
Fax 041 528 48 51
Bootslinien 1, 41, 82: S. Zaccaria
EZ 67 €, DZ ab 77 €
Gute Kondition erforderlich: Im schmalen Treppenhaus geht es 50 steile Stufen hinauf, bevor man die Unterkunft erreicht. Oben aber wartet ein angenehmes, gut geführtes kleines Hotel. Die Lage ist vorteilhaft: Abseits vom großen

Frühstück

Das klassische italienische Hotelfrühstück ist leider oft kümmerlich: Neben dem Kaffee (oder auf Wunsch Tee) kommen meist nur ein trockenes Croissant, Weißbrot, abgepackte Marmelade und Butter auf den Tisch. Vor allem die Hotels der gehobenen Kategorie (ab drei Sterne) stellen sich mittlerweile aber auf die Gewohnheiten der ausländischen Gäste ein und servieren eine reichhaltigere *colazione*, oft am Buffet.

Rummel, und trotzdem erreicht man S. Marco in wenigen Min.

Casa Peron (C 5)
S. Croce 84, Salizzada San Pantalon
Tel./Fax 041 71 10 38
Bootslinien 1, 82: San Tomà
EZ ab 45 €, DZ ab 70 €
Ein familiäres Hotel in der Nähe des Campo S. Margherita. Kleine, aber ordentliche und saubere Räume, sanfte Preise. Besonders beliebt ist Zimmer 5 mit eigener Terrasse.

Guerrato (E 4)
San Polo 240/A, Calle drio la Scimia
Tel./Fax 041 522 71 31
heguerrat@tin.it
Bootslinien 1, 82: Rialto
DZ ab 93 €
Sehr stimmungsvoll mit alten Möbeln eingerichtetes Hotel in einem ehemaligen Kloster direkt am Rialto-Markt. Engagierte freundliche Leitung, gemütliche Atmosphäre – eins der sympathischsten Häuser in dieser Preisklasse.

Rossi (C 2/3)
Cannaregio 262, Calle delle Procuratie
Tel. 041 71 51 64,
Fax 041 71 77 84
Bootslinien 1, 41, 42, 52, 82: Ferrovia
EZ ab 50 €, DZ ab 73 €
Jedes Jahr schließt das Rossi für einen Monat: Dann werden alle Räume generalüberholt. Vor der zwiespältigen Romantik bröckelnden Putzes sind die Gäste absolut sicher, und das Komfortniveau ist für ein Ein-Stern-Hotel ausgezeichnet. Dazu kommen die ruhigen Zimmer, der aufmerksame Service, die günstigen Preise: Das Haus in Bahnhofsnähe erscheint zu Recht in allen Low-Budget-Führern, vom amerikanischen »Let's go« zum französischen »Guide du Routard« und vermutlich auch bei den Japanern …

Moderat

Accademia Villa Maravege (C 6)
Dorsoduro 1058, Fondamenta Bollani
Tel. 041 521 01 88,
Fax 041 523 91 52,
www.pensioneaccademia.it
Bootslinien 1, 82: Accademia
EZ 119 €, DZ 179 €
in der Nebensaison rund 30% günstiger
Ein stilvolles Haus: Schon im Eingang des Palazzo aus dem 17. Jh. stehen Statuen herum, jedes der 27 Zimmer ist mit einer persönli-

chen Note ganz anders eingerichtet. Aus dem angenehmen Garten blickt man auf den Canal Grande. Die Vorzüge haben sich herumgesprochen – rechtzeitig reservieren!

Agli Alboretti (D 7)
Dorsoduro 884,
Rio Terrà Antonio Foscarini
Tel. 041 523 00 58,
Fax 041 521 01 58,
www.aglialboretti.com
Bootslinien 1, 82: Accademia
EZ 93 €, DZ 145 €
Freundliches Zwei-Sterne-Hotel in guter Lage bei der Accademia. Die ruhigen, gepflegten Zimmer sind allerdings relativ klein. Das Frühstück wird unter Weinlaub im hübschen Innenhof serviert.

Bucintoro (J 6)
Castello 2135, Riva San Biagio
Tel. 041 522 32 40,
Fax 041 523 52 24
Bootslinien 1, 41, 42: Arsenale
EZ 73–93 €, DZ 137–166 €
Wer sich nicht daran stört, dass einige Möbel etwas angeschlagen sind und der Verputz auf den Fluren nicht makellos wirkt, ist hier gut aufgehoben: Alle Zimmer bieten den Traumblick auf die Lagune – ebenso schön wie aus den benachbarten Nobelhotels!

La Calcina (D 7)
Dorsoduro 780,
Fond. Zattere ai Gesuati
Tel. 041 520 64 66,
Fax 041 522 70 45,
la.calcina@libero.it
Bootslinien 51, 52, 82: Zattere
EZ 72–103 €, DZ 139–176 €
Weil hier im 19. Jh. der britische Schriftsteller John Ruskin (»The Stones of Venice«) residierte, wurde das Drei-Sterne-Hotel beim angelsächsischen Kulturpublikum als ›Ruskin's Home‹ populär. Doch die Gegenwart des ›Calcina‹ braucht sich vor der glanzvollen Vergangenheit nicht zu verstecken. Der Blick über den Giudecca-Kanal ist herrlich – am schönsten von der Dachterrasse. Alle Räume sind stilvoll und komfortabel eingerichtet. Zimmer 4 ist zu Recht etwas teurer als die anderen: Auf der edlen Privatterrasse fühlt man sich als Teil der *upper ten*.

Hesperia (C 2)
Cannaregio 459, Calle Riello
Tel. 041 76 60 01,
Fax 041 71 51 12,
hesperia@shineline.it
Bootslinien 41, 42, 51, 52: Guglie
EZ 150 €, DZ 176 €;
Nov.–Mitte März bis 50% billiger
Die schlichte, aber doch geschmackvolle Einrichtung und die tadellos korrekte Führung stellen die größten Pluspunkte dieses Zwei-Sterne-Hotels dar. Viele Zimmer bieten einen schönen Ausblick auf den breiten Cannaregio-Kanal.

Locanda Fiorita (D 5)
S. Marco 3457/A,
Campiello Nuovo
Tel. 041 523 47 54,
Fax 041 522 80 43,
www.locandafiorita.com
Bootslinien 1: S. Angelo,
82: S. Samuele
EZ 77 € (ohne Bad), DZ 126 €
Eine große Glyzinie überwuchert die gesamte Vorderfront des Hauses und hüllt es zur Blütezeit in Frühlingsdüfte. Für ein Ein-Stern-Hotel bietet die Locanda einen fast großartigen Komfort. Die zehn Zimmer sind fast immer ausgebucht – ohne langfristige Reservierung ist nichts zu machen! Besonders beliebt ist Zimmer 10 mit seinem unabhängigen Eingang und einer winzigen Früh-

Pensione Seguso: Schon Patricia Highsmith beschrieb sie in »Venedig kann sehr kalt sein«

stücksterrasse. Weniger schön und teurer ist die Dépendance.

Locanda La Corte (G 4)
Castello 6317, Calle Bressane
Tel. 041 241 13 00,
Fax 041 241 59 82
www.locandalacorte.it
Bootslinien 41, 41, 51, 52: Fondamenta Nuove
EZ 118 €, DZ ab 175 €
Das 2000 eröffnete kleine Hotel in einem Renaissance-Palazzo hat stilvoll renovierte angenehme Zimmer, einige mit Blick auf den Kanal Rio di San Giovanni. Das Frühstück können die Gäste in dem hübschen Innenhof einnehmen, der dem Hotel auch seinen Namen gab.

Paganelli (G 5)
Castello 4182, Riva degli Schiavoni/Campo S. Zaccaria
Tel. 041 522 43 24,
Fax 041 523 92 67,
www.hotelpaganelli.com
Bootslinien 1, 41, 42, 52, 82: S. Zaccaria
EZ 118 €, DZ 180–190 €
Einige Zimmer haben den Traumblick auf die Lagune, wie man ihn aus den benachbarten Luxushotels auch nicht besser genießt. Aber auch in den ›Normalräumen‹ mit ihren hübsch bemalten, farbigen Möbeln fühlt man sich sehr wohl.

La Residenza (H 5)
Castello 3608, Campo Bandiera e Moro
Tel. 041 528 53 15,
Fax 041 523 88 59
www.venicelaresidenza.com
Bootslinien 1, 52, 82: S. Zaccaria
DZ 155 €
Trotz der kürzlich erfolgten Renovierung spürt man immer noch deutlich die Geister der Vergangenheit in dem gotischen Palazzo am hübschen Campo Bandiera e Moro. Historische Atmosphäre ist garantiert, vor allem in der prunkvoll stuckverzierten Rezeption.

Seguso (D 7)
Dorsoduro 779,
Zattere ai Gesuati
Tel. 041 528 68 58,
Fax 041 522 23 40

›Flora‹: Der schön bewachsene Innenhof macht dem Namen des Hotels alle Ehre

Bootslinien 51, 52, 82: Zattere
Halbpension um 120 €
Die ideale Unterkunft für Nostalgiker: Seit über 100 Jahren im Familienbesitz mit stilvoll altmodischen Zimmern, in denen sich im Lauf der Jahrzehnte wenig verändert hat, mit einem Bibliotheksraum und einem Jahrhundertwende-Salon. Nussbaum-Möbel und Stuckdecken, vor allem aber die Aussicht auf den Giudecca-Kanal trösten darüber hinweg, dass nur die Hälfte der Zimmer ein eigenes Bad besitzt. In der Saison nur mit Halbpension.

Teuer

American (D 7)
Dorsoduro 628, Fondamenta Bragadin
Tel. 041 520 47 33,
Fax 041 520 40 48,
www.hotelamerican.com
Bootslinien 1, 82: Accademia
EZ 171 €, DZ ab 233 €
Das komfortable Hotel liegt in ruhiger Lage an einem kleinen Kanal in der Nähe der Accademia. Die renovierten Zimmer sind hübsch mit bemalten Möbeln in venezianischem Stil eingerichtet.

Flora (E 6)
S. Marco 2283/A,
Calle dei Bergamaschi
Tel. 041 520 58 44,
Fax 041 522 82 17,
www.hotelflora.it
Bootslinien 1, 82: S. Marco Vallaresso
EZ 180 €, DZ 233 €
Behindertengerecht!
Das Drei-Sterne-Hotel in der Nähe des Markusplatzes ist seit 30 Jahren im Besitz einer Familie, die sich sorgfältig um das Haus kümmert. Die unterschiedlich großen Zimmer sind sehr persönlich eingerichtet; zur Ausstattung gehören alte Spiegel, Kristall-Lüster und Stuckdecken, auf den Fluren hängt neben alter Keramik auch moderne Kunst. Im hübschen Garten – in dieser Lage eine Seltenheit – kann man bei schönem Wetter frühstücken. Das Hotel ist bekannt und beliebt – zeitig vorbestellen!

San Zulian (F 5)
S. Marco 526, Campo della Guerra
Tel. 041 522 58 72,
Fax 041 523 22 65,
www.hotelsanzulian.com
Bootslinien 1, 82: Rialto oder S. Marco
EZ 186 €, DZ 217 €
Die Originalgemälde aus dem 19. Jh. hat der Patron inzwischen abgehängt – zu viele Gäste ließen ein Kunstwerk mitgehen. Das San Zulian bleibt trotzdem mit seiner hübschen Einrichtung im klassisch-venezianischen Stil und dem tadellosen Komfort ein Schmuckstück. Am schönsten ist Zimmer 304 im obersten Stockwerk (langfristig vorbestellen): von der Terrasse ein Traumblick auf die Markuskuppel und die Dächer von Venedig.

Santa Marina (F 4)
Castello 6068, Campo S. Marina
Tel. 041 523 92 02,
Fax 041 520 09 07
www.hotelsantamarina.it
Bootslinien 1, 82: Rialto
DZ 228 €
Das historische Gebäude wurde erst 1992 in ein Hotel umgewandelt. Schöne Lage an einem belebten Platz abseits des touristischen Betriebs, trotzdem nur wenige Fußminuten vom Markusplatz und von der Rialtobrücke entfernt. Alle 20 Zimmer sind komfortabel im venezianischen Stil eingerichtet.

Neu: ›Ca'Pisani‹

Das 2001 eröffnete Haus versteht sich als erstes venezianisches Design-Hotel. Historischer Palazzo mit komfortablen, modern gestylten Zimmern. Die Ausstattung wurde zum größten Teil neu für das Hotel entworfen, aber in den Räumen finden sich auch ›moderne Antiquitäten‹ der 30er und 40er Jahre.
Dorsoduro 979/A (D 7), Rio Terrà Antonio Foscarini, Tel. 041 240 14 11, Fax 041 277 10 61, www.capisanihotel.it
Bootslinien 1, 82: Accademia und 52, 82: Zattere
DZ 280 €, in der Nebensaison 198 €

Luxus

Metropole (G 5)
Castello 4149, Riva degli Schiavoni
Tel. 041 520 50 44,
Fax 041 522 36 79,
www.hotelmetropole.com
Bootslinien 1, 41, 52, 82: S. Zaccaria
EZ ab 250 €, DZ ab 400 €; in der Nebensaison bis zu 50 % günstiger
Der Besitzer, ein passionierter Antiquitätensammler, stellt in den Fluren und der Rezeption seine Schätze zur Schau: kostbare Gemälde, alte Möbel, historische Korkenzieher, Zigarrenhalter, Fernrohre und Kruzifixe. Die sehr unterschiedlichen Zimmer sind individuell und stilvoll eingerichtet. Optimale Lage an der Lagune.

San Cassiano (E 3)
S. Croce 2232, Calle della Rosa
Tel. 041 524 17 68,

Fax 041 72 10 33,
www.sancassiano.it
Bootslinie 1: S. Stae
EZ 215 €, DZ 310 €, in der Nebensaison EZ ab 65 €, DZ ab 130 €!
Wohnen wie ein venezianischer Adliger: In diesem Patrizierhaus des 16. Jh. direkt am Canal Grande kann man es hautnah erleben. Die geräumigen, stilvoll eingerichteten Zimmer bieten jeden Komfort, in den Gemeinschaftsräumen hängen alte Bilder, Wandteppiche und Kronleuchter. Herrlich ist der kleine Steg am Kanal, auf dem man mit dem Blick auf die Ca' d' Oro seinen *cappuccino* schlürfen kann. Die schönsten Zimmer liegen zum Canal Grande – zeitig reservieren!

Jugendherbergen/ Mitwohnzentrale

Foresteria Valdese (G 4)
Castello 5170, Calle Lunga
S. Maria Formosa
Tel. 041 528 67 97,
Fax 041 241 62 38
www.chiesavaldese.org/venezia
Bootslinien 1, 41, 52, 82:
S. Zaccaria
Übernachtung 19 € (im Schlafsaal), 27–35 € (pro Person im DZ), jeweils inkl. Frühstück
Das ehemalige Gästehaus der protestantischen Kirche ist in einem historischen Palazzo untergebracht. Manche Räume haben noch Deckenfresken. Freundlicher Empfang, Aufnahme 9–13 und 18–20 Uhr, auch ohne JH-Ausweis.

Ostello per la Gioventù (F 8)
Dorsoduro 86,
Fondamenta delle Zitelle
Tel. 041 523 82 11,
Fax 041 523 56 89,
www.ostels-aig.org
Bootslinie 41, 42, 82: Zitelle
Übernachtung 16 € mit Frühstück
Die Jugendherberge ist in einem ausgebauten Lagerhaus auf der Giudecca-Insel untergebracht. Reservierung nur über Internet möglich (www.hostelbooking.com), andernfalls meldet man sich am besten morgens (7–9.30 Uhr) oder gegen 13.30 Uhr an. Abends bis 23.30 Uhr geöffnet.

Mitwohnzentrale (F 5)
Castello 5448/A,
Calle Sant'Antonio
Tel. 041 523 16 72,
Fax 041 520 88 18,
www.mwz-online.com
Vom schlichten Zimmer mit Badbenutzung bis zum Luxus-Apartment am Canal Grande bietet Helga Anna Gross Unterkünfte jeder Art an. Eine attraktive Wohnung für 4 Personen kostet etwa 900 € pro Woche. Mindestaufenthalt: 3 Tage.

Camping

Zahlreiche Campingplätze befinden sich auf dem Litorale del Cavallino westlich von Venedig. Man erreicht die Stadt von hier mit dem Schiff in rund 40 Min. Häufige Verbindungen, das letzte Boot ab Venedig fährt gegen Mitternacht. Empfehlenswert ist:

Campeggio Marina di Venezia (s. Umgebungskarte)
Via Montello 6
Punta Sabbioni – Treporti
Tel. 041 96 61 46,
Fax 041 96 60 36,
www.cavallino.net/marinanave
Bootslinie 14

Essen & Trinken

Schlemmen in Venedig

Trotz des touristischen Betriebs kann man in Venedig ausgezeichnet und vergnüglich essen. Allerdings nicht unbedingt auf dem ganz hohen Niveau: In den Luxusrestaurants mit ihrer internationalen Klientel zahlt man einen kräftigen Ambiente-Zuschlag – und dafür sind sie dann doch nicht gut genug. Die berühmtesten venezianischen Lokale, ›Harry's Bar‹ und die ›Locanda Cipriani‹, die ›Caravella‹ und der ›Doge‹ im Hotel Gritti, zählen allenfalls im Preisniveau zu den 30 oder 40 italienischen Spitzen-Restaurants – kaum aber in der Qualität.

Doch für den Normalverbraucher bietet Venedig kulinarisch eine ganze Menge. Viele Trattorias und Osterias bringen solide, oft vorzügliche traditionelle Gerichte auf den Tisch. Eine Besonderheit der Stadt sind die *bácari:* jene Weinstuben, in denen die Venezianer zu jeder Tages- und Nachtzeit zur *ombra* – dem Gläschen Wein – *cichetti* verzehren können: Appetithäppchen wie Käse, Wurst, Oliven, eingelegte Gemüse, Fischstückchen u. a.

All diese Genüsse trösten über das – wie im ganzen Mittelmeerraum – oft etwas kärgliche Frühstück hinweg. Italiener geben sich am Morgen gewöhnlich mit einem schnellen *espresso* oder *cappuccino* und einem Hörnchen oder Gebäck zufrieden. Daher entspricht das Frühstücksangebot in den Hotels der einfacheren Kategorien oft nicht mitteleuropäischen Erwartungen. Drei- und Vier-Sterne-Hotels bieten ihren Gästen allerdings ein reichhaltigeres Frühstücksangebot.

Die Restaurants öffnen zum Mittagessen meist zwischen 12.30 und 14.30 Uhr, abends sind die Küchen von 19 bis etwa 22 Uhr geöffnet. Ein komplettes Menü besteht aus den *antipasti* (Vorspeisen), *primi* (erster Gang: *pasta,* Suppe, *risotto), secondi*

Günstig: unter 25 €
Moderat: 25–35 €
Teuer: 35–45 €
Luxus: über 45 €

für ein dreigängiges Menü (Vorspeise, Hauptgang mit Beilagen und Dessert – ohne Getränke)

(Hauptgang: Fleisch- oder Fischgericht mit *verdura,* Gemüse) und Obst oder Dessert *(dolce).* In manchen Restaurants wird es ungern gesehen, wenn Gäste sich nur mit einem Teller Nudeln und einem Salat begnügen. Doch man ist nicht verpflichtet, sich durch das ganze Menü ›durchzuarbeiten‹ – nur Vorspeise plus Pasta oder Hauptgang plus Nachspeise ist auch unter Italienern durchaus üblich.

Für Brot und das Gedeck *(pane e coperto)* wird überall ein Festpreis – meist 1–2 € – berechnet, unabhängig davon, wieviel man verzehrt. Dazu kommt manchmal auch noch ein Bedienungsgeld *(servizio)*; das muss dann aber auf der Speisekarte angegeben sein.

Beilagen *(contorni)* zum Hauptgericht müssen gesondert bestellt werden! Bei Fisch wird der Preis auf den Speisekarten meist pro 100 g *(etto)* angegeben, die gesamte Portion kostet also das Drei- bis Fünffache!

In vornehmeren Häusern, oft aber auch in einfachen Lokalen, lässt man sich einen Platz zuweisen. Will man die Bedienung auf sich aufmerksam machen, so spricht man sie mit ›signore‹ (mein Herr), ›signora‹ (meine Dame) oder ›signorina‹ (mein Fräulein) an.

Drängeln und Eile beim Essen sind in Italien ganz und gar nicht üblich und werden ungern gesehen. Der deutsch-italienische Journalist Nino Erné hat zu Recht geschrieben: »Als Italiener hat man Zeit zu haben, vor allem für das Essen, darauf ruht die romanische Zivilisation.«

Gut und günstig

Boldrin (F 4)
Cannaregio 5550,
Salizzada S. Canciano

Kulinarisches Alphabet

anatra, anitra	Ente
anguilla	Aal
antipasto misto	gemischte Vorspeisen
baccalà	Stockfisch
branzino	Seebarsch
calamari	Tintenfische
coda di rospo	Seeteufel
coniglio	Kaninchen
cozze	Miesmuscheln
faraona	Perlhuhn
fegato	Leber
formaggio	Käse
fragole	Erdbeeren
fritto misto	gebackene Fische und Meeresfrüchte
funghi	Pilze
insalata	Salat
insalata di mare	gemischte Vorspeise aus Meeresfrüchten
limone	Zitrone
macedonia	Obstsalat
maiale	Schwein
manzo	Rind
melanzane	Auberginen
orata	Goldbrasse
pesce spada	Schwertfisch
pollo	Huhn
pomodori	Tomaten
prosciutto	Schinken
scaloppine	dünne Kalbsschnitzel
seppia	Tintenfisch
sogliola	Seezunge
vitello	Kalb
zuppa inglese	Vanillecreme mit Biskuit und Likör

So lässt sich das Leben genießen: mit *ombra* und *cicheti*

Tel. 041 523 78 59
9.30–21 Uhr, So Ruhetag
Bootslinien 1, 82: Rialto
Ein lang gezogener Raum, die Wände voll mit Weinregalen, vorn der Tresen, über den ununterbrochen gefüllte Gläser, belegte Brote und warme Tellergerichte wandern. In der *enoteca* herrscht allenfalls früh morgens Ruhe, ab dem späten Vormittag ist ständig etwas los. Mit gutem Grund: Die fantasievollen *panini* und die kleinen Speisen sind vorzüglich, das Ambiente unterhaltsam. Optimal für den kleinen und mittleren Hunger. Nudeln oder *risotti* ab 5 €.

Al Nono Risorto (E 4)
S. Croce 2338, Sotoportego de Siora Bettina (beim Campo S. Cassiano),
Tel. 041 524 11 69
Mi und Do (mittags) geschl.
Bootslinien 1: S. Stae oder Rialto, 82: Rialto
Das Lokal des ›auferstandenen Opas‹ wird von jungen Leuten geführt – und vorwiegend auch von solchen besucht. Die einfache Einrichtung überzeugt auf den ersten Blick: Hier geht's solide zu. Holztische, ein langer Tresen, an den Wänden ein paar moderne Bilder, ein Schiffsmodell. Bei warmem Wetter sitzt man im hübschen Garten – für Venedig wirklich was Besonderes! Aus der Küche kommen vorwiegend Fischgerichte, wie der gemischte Vorspeisenteller *(antipasto misto di mare)*, die Nudeln mit Meeresfrüchten *(spaghetti alla scogliera)* oder der Seeteufel *(coda di rospo)*, für Landratten gibt's aber auch Fleisch und Pizza. Menüs um 17 €, à la carte um 25 €.

Da Sergio (F 4)
Castello 5870/ A, Calle del Dose
Tel. 041 528 51 53
12–15.30 Uhr, So Ruhetag
Bootslinien 1, 82: Rialto,
1, 41, 42, 52: San Zaccaria
An den Holztischen der einfachen Kneipe essen viele Arbeiter und

Angestellte aus der Umgebung. Der Familienbetrieb bietet keine kulinarischen Höhenflüge, aber ordentliche regionale Küche. Zweigängiges Menü mit Wein um 13 €.

Vini da Pinto (E 4)
San Polo 367,
Campo delle Becarie
Tel. 041 522 45 99
7.30–19 Uhr, Mo Ruhetag
Bootslinien 1, 82: Rialto
In der traditionsreichen, 1890 gegründeten Osteria direkt neben dem Fischmarkt gibt es gute Hausmacherküche zu sehr freundlichen Preisen (Menüs um 14 €). Touristen sitzen draußen auf der Piazza, die Einheimischen treffen sich eher drinnen am Tresen.

Vino Vino (E 5)
San Marco 2007/A,
Calle del Cafetier
Tel. 041 523 70 27
10–24 Uhr, Di Ruhetag
Bootslinie 82: S. Maria del Giglio
Die Osteria zeichnet sich vor allem durch ihr vorzügliches Weinangebot aus – die Gäste haben die Wahl unter rund 350 Sorten, von denen viele auch glasweise angeboten werden! Daneben gibt es aber auch eine gute venezianische Küche, mit Hauptgerichten um 10 €.

Mittlere Preisklasse

Da Alberto (G 4)
Cannaregio 5401,
Calle Giacinto Callina
Tel. 041 523 81 53
So Ruhetag, moderat
Bootslinien 1, 82: Rialto,
41, 42, 51, 52: Fondamenta Nuove
An den schlichten Holztischen der Osteria wird klassische venezianische Küche in bester Qualität serviert. Am Tresen locken appetitliche Imbisshappen, so beispielsweise gefüllte Zucchiniblüten, eingelegte Tomaten, Meeresfrüchte, Ziegenkäse. Unbedingt empfehlenswert sind die *sarde in saor*, mit Zwiebeln und Pinienkernen marinierte Sardinen.

Da Bes – Tre Spiedi (F 4)
Cannaregio 5906,
Salizzada S. Canciano
Tel. 041 520 80 35,
So (abends) und Mo geschl., moderat
Bootslinien 1: Ca' d' Oro,
1, 82: Rialto
Die pittoreske Einrichtung entspricht allen Italien-Träumen: Unter der Balkendecke eine dicht mit Gemälden gepflasterte Wand, auf Regalen stehen uralte Weinflaschen, in der Vitrine glänzt und glotzt der frische Fisch. Der kommt dann gut zubereitet auf den Teller, vielleicht nach einer Vorspeise wie schwarzen Tintenfischnudeln *(spaghetti al nero di seppia)*. Auch die Nachspeisen können sich sehen und schmecken lassen. Zügige Bedienung und immer viel Betrieb, die Wogen der Gespräche schlagen hoch!

Da Ignazio (D 5)
S. Polo 2749, Calle dei Saoneri
Tel. 041 523 48 52, Sa Ruhetag, moderat
Bootslinien 1, 82: S. Tomà
Das gepflegte Ambiente und der freundliche Service tragen schon zum Wohlgefühl bei, bevor das Essen auf den Tisch kommt. Ob man die Meeresfrüchte-Antipasti, die Fischsuppe, den St.-Peters-Fisch oder eine *bistecca* wählt: Alles ist sorgfältig zubereitet und

fein abgeschmeckt. Bei gutem Wetter kann man auch im Innenhof speisen. Ein Plus ist die sorgfältig zusammengestellte Weinkarte.

L' Incontro (C 5)
Dorsoduro 3062, Rio Terrà Canal
Tel. 041 522 24 04,
Mo und Di (mittags) Ruhetag, moderat
Bootslinie 1: Ca' Rezzonico
Mal was anderes: Sardische Küche wirkt in Venedig geradezu exotisch, erst recht, wenn sie wie hier kreativ verfeinert wird. Garantiert einmalig sind die Ravioli mit Safran, *ricotta, pecorino* und abgeriebener Orangenschale *(culingiones)* oder das *pane frattau* mit Schafkäse, Tomaten und Ei. Als Hauptgerichte gibt es vor allem Fleisch, beispielsweise ausgezeichnetes Wildschwein, Kaninchen oder Lamm. Auch die Desserts sind ganz vorzüglich.

Neu: ›La Colombina‹

Die Osteria mit lockerer, manchmal etwas lauter Atmosphäre wird seit Oktober 2001 von neuen Chefs geführt. Die starten überzeugend: Auf den Tisch kommen gelungene, wohlschmeckende Kreationen wie die vorzügliche Linsencreme mit Meeresfrüchten, die Gemüseplatte mit verschiedenen Saucen oder der St.-Peters-Fisch mit Pilzen. Cannaregio 1828, Campiello del Pegoloto (beim Campiello dell'Anconeta; D 2) Tel. 041 275 06 22, nur abends geöffnet, So geschl., moderat.

Maddalena (Insel Mazzorbo)
Mazzorbo, Imbarcadero (Bootsanlegestelle)
Tel. 041 73 01 51
Do Ruhetag, moderat
Bootslinie 12: Mazzorbo (ab Venedig 40 Min.)
Das Restaurant liegt direkt an der Bootsanlegestelle; im Sommer blickt man von der Terrasse über den Tellerrand auf die ankommenden Schiffe. Auch der Innenraum ist trotz Wartesaal-Architektur ansprechend: An allen Wänden hängen Gemälde. Selbstverständlich gibt's Fischgerichte; eine besondere Spezialität sind daneben die vorzüglichen Wildenten *(anatre selvatiche)*, die gebraten oder in einer Nudelsauce auf den Tisch des Hauses kommen. Auch das örtliche *dolce* sollte man nicht vergessen: Kekse aus Burano, die in den Fragolino, einen Rotwein mit leichtem Erdbeergeschmack, getaucht werden.

Alla Zucca (D 3)
S. Croce 1762, Ponte del Megio
Tel. 041 524 15 70, So Ruhetag, moderat
Bootslinie 1: S. Stae
Es lebe die Substanz: Die Einrichtung mit den blanken Holztischen ist gewollt einfach, doch in dem eher schlichten Rahmen kommen ambitionierte – und gelungene! – Gerichte auf den Teller. Schon der Name des Lokals *(zucca* = Kürbis) deutet an, dass Gemüse dabei eine wichtige Rolle spielen. Auf die italienische Tradition setzen die Köchinnen gelegentlich originelle

Fast an jeder Straßenecke kann man den Gaumenfreuden frönen...

orientalische Akzente, z. B. beim Schweinefleisch mit Ingwer und beim Lamm mit Salbei und Joghurtsauce. Alles sehr lecker, ebenso wie der Ziegenkäse mit Olivenpaste, die Nudeln mit Auberginen und *ricotta* oder das Birnen-Bavarois. Freundlicher Service.

Klassiker

All' Altanella (D 8)
Giudecca 270, Calle delle Erbe
Tel. 041 522 70 80,
Mo und Di Ruhetag, moderat
Bootslinien 41, 42, 82: Giudecca-Palanca
Seit vier Generationen in Familienbesitz: Die Trattoria auf der Giudecca-Insel ist ein echter Traditionsbetrieb. Abseits des großen Rummels haben sich hier schon immer Künstler und Venedig-Insider getroffen. Von der Terrasse genießt man schöne Ausblicke auf den Kanal. In erster Linie gibt's Fischgerichte, aber auch den venezianischen Klassiker *fegato alla veneziana* (in Zwiebeln gebratene Leber).

Antica Besseta (C 3)
S. Croce 1395,
Salizzada de Ca' Zusto
Tel. 041 572 16 87
Di und Mi (mittags) Ruhetag, teuer
Bootslinie 1: Riva di Biasio
Klassische venezianische Fischküche von hervorragender Qualität. Der Chef Nereo Volpe bemüht sich nicht um ausgefallene ›Kreativrezepte‹, sondern bereitet vorzügliche Grundprodukte solide nach den traditionellen Rezepten zu. Probieren Sie die *tagliolini alla granchevole,* Nudeln mit Krebssauce! Nur die Weinauswahl ist nicht besonders.

Antiche Carampane (E 4)
S. Polo 1911, Rio Terrà delle Carampane
Tel. 041 524 01 65
So abend und Mo geschl., teuer
Bootslinie 1: S. Silvestro
Dieses Restaurant muss man wirklich suchen: Es liegt ganz versteckt

in einem Winkel Venedigs, in den gewöhnlich keine Touristen kommen. Aber die Mühe lohnt sich. Besonders der *fritto misto,* die gebackenen Fische und Meeresfrüchte, sind berühmt. Daneben können sich die Muschel- oder Hummer-Spaghetti und der Seeteufel genauso sehen lassen. Im Sommer speist man unter hübschen Sonnenschirmen auf einer kleinen Gasse.

Corte Sconta (H 5)
Castello 3886, Calle del Pestrin
Tel. 041 522 70 24,
So und Mo Ruhetag, moderat
Bootslinie 1: Arsenale
Der köstliche Antipasti-Teller ist schon fast ein Menü für sich: Eingelegter Lachs, alle Arten von Muscheln und Meeresfrüchten, Krebse, Sardinen und Stockfisch sättigen viele Gäste, bevor es richtig losgeht. Auch die leckeren *risotti,* Nudeln und Hauptgerichte werden ausnahmslos mit Fisch und Meeresfrüchten zubereitet. Am besten sitzt man im schattigen Innenhof unter Weinlaub.

Fiaschetteria Toscana (F 4)
Cannaregio 5719, Salizzada di S. Giovanni Crisostomo
Tel. 041 528 52 81,
Mo (mittags) und Di geschl., teuer
Bootslinien 1, 82: Rialto
Eine sichere Adresse für Feinschmecker in unmittelbarer Nähe der Rialto-Brücke. Der Name des Lokals täuscht: Vorwiegend werden venezianische Gerichte serviert. Das stilvolle, aber in keiner Weise überzogene Ambiente zieht Einheimische wie Touristen gleichermaßen an. Vorzügliche Desserts: Die Auswahl reicht vom Honig-Nuss-Parfait bis zu Halbgefrorenem mit Orangen-Karamel-Sauce.

Ai Gondolieri (D 7)
Dorsoduro 366
Fondamenta Zorzi Bragadini
Tel. 041 528 63 96
Di Ruhetag, Luxus
Bootslinien 1, 82: Accademia,
1: Salute
Das Lokal in der Nähe des Guggenheim-Museums bringt – eine Seltenheit in Venedig! – keine Fischgerichte auf den Tisch; es gibt vorwiegend Fleisch und Wildspezialitäten. Die feine Küche ist ein Genuss, der Service zuvorkommend, nur die Preise sind zu hoch. Empfehlenswert: das Entenfilet mit pürierten Zwiebeln und die vorzüglichen Desserts.

Alla Madonna (E 4)
S. Polo 594, Calle della Madonna
Tel. 041 522 38 24,
Mi Ruhetag, moderat
Bootslinien 1, 82: Rialto
Die ›Madonna‹ ist bei Venezianern wie Touristen gleichermaßen beliebt – mit Recht. Das populäre Lokal in der Nähe der Rialto-Brücke bietet mehr als 200 Gästen Platz, bleibt aber trotz des Massenbetriebs gemütlich. Die schmausenden und schwatzenden Esser verteilen sich auf sieben liebevoll mit Bildern geschmückte Räume. Die Küche folgt konsequent der einheimischen Tradition und ist dabei verlässlich gut, bei vielen Gerichten sogar ausgezeichnet. Trotz des immer großen Andrangs gibt es die Köstlichkeiten zu zivilen Preisen.

Montin (C 6)
Dorsoduro 1147,
Fondamenta di Borgo
Tel. 041 522 71 51
Di Abend und Mi geschl., teuer
Bootslinien 1: Ca' Rezzonico,
61, 62, 82: Zattere

... ob in den kleinen Trattorien der verschwiegenen Gassen, oder – wie hier – an einem der ruhigen Kanäle

Ein Klassiker, der mehr von Ambiente und Geschichte lebt als von der Küchenqualität. In der Locanda stiegen schon Eleonora Duse und Gabriele D' Annunzio ab; ob sie auch in dem hochromantischen Gartenlokal gespeist haben, in dem die Gerichte der venezianischen Tradition serviert werden? Man kann in Venedig raffinierter essen, aber kaum schöner dabei sitzen.

Romano (Insel Burano)
Burano, Via Baldassare Galuppi 221
Tel. 041 73 00 30,
Di Ruhetag, teuer
Bootslinien 12, 14 (45 Min. ab Venedig)
Sie waren alle da: Maria Callas und Katharine Hepburn, Lucio Dalla und Adriano Celentano, Henri Matisse und Oskar Kokoschka, Charlie Chaplin und Alberto Moravia ... Die Liste prominenter Gäste ist länger als die Speisekarte, der Chef hat beide ins Fenster gehängt. Die Wände des ehemaligen Künstlerlokals sind dicht an dicht mit Bildern geschmückt; leider haben weder Juan Mirò noch Giorgio De Chirico bei ihrem Besuch ein Werk hinterlassen. Die Küche ist nicht ganz so großartig, aber Ambiente ist hier alles.

Vini da Gigio (E 3)
Cannaregio 3628/A,
Fondamenta di S. Felice
Tel. 041 528 51 40
Mo Ruhetag, moderat
Bootslinie 1: Ca' d' Oro

In dem kleinen Lokal mit wenigen Tischen fühlt man sich, als wäre man bei den Wirtsleuten privat zu Gast. Aus der offenen Küche kommen exzellente Gerichte, die traditionelle Rezepte raffiniert verfeinern: z. B. Spaghetti mit Tintenfisch, Bandnudeln mit Gorgonzola und Pistazien, Gnocchi mit Pferderagout (was vielleicht nicht jedermanns Sache ist), geräucherter Schwertfisch, nicht zuletzt ein hausgemachter Tiramisù, nach dem man sich die Finger leckt. Chef Paolo Lazzari ist Weinexperte, dementsprechend reichhaltig ist die Weinkarte (mit vernünftigen Preisen).

Spitzenreiter

Al Covo (H 5)
Castello 3968,
Campiello della Pescaria
Tel. 041 522 38 12
Mi und Do Ruhetag, Luxus
Bootslinien 1, 41, 42: Arsenale
Keine Kreditkarten!
Erstklassiges Fischrestaurant in der Nähe des Arsenals. Cesare, der Chef, variiert vorsichtig die Gerichte der venezianischen Tradition – da gibt's dann mit Seebarsch gefüllte Ravioli, St.-Peters-Fisch mit Kürbisblüten oder die exzellente Nusstorte mit Karamelsauce. Französische Kollegen wären entgeistert: Butter und Sahne werden, wie die Karte stolz verkündet, auf keinen Fall verwendet, das einzige zulässige Fett ist Olivenöl. Große Weinkarte. Menü um 55 €, mittags gibt es ein preisgünstigeres, kleines Menü (32 €).

Harry's Bar (F 6)
S. Marco 1323,
Calle Vallaresso
Tel. 041 528 57 77
Luxus
Bootslinien 1, 82: S. Marco Vallaresso
›Harry's‹, das berühmteste Lokal der Stadt, gehört zur Venedig-Folklore wie die Tauben und die Gondeln. Hemingway hat die Bar bei angelsächsischen Gästen zu einem Mythos gemacht. Der clevere Chef, Arrigo Cipriani, verlieh ihr zusätzlich kulinarischen Ruhm, als er das Fleischgericht *carpaccio* und den Aperitif ›Bellini‹ erfand. Die Küche ist ausgezeichnet, das Ambiente überraschend entspannt. Die Gäste sitzen dicht gedrängt an niedrigen Tischen, zwischen denen die Kellner virtuos herumturnen. Die Preise allerdings überschreiten schnell die Schmerzgrenze, vor allem, wenn man sich nicht an die vergleichsweise ›preiswerten‹ Menüs (um 65 €) hält. A la carte muss man für eine dreigängige Mahlzeit mit 125 € rechnen (Getränke exkl.). Wer nur mal reinschnuppern möchte, kann sich mit einem Bellini an der Bar zufrieden geben – was auch nicht gerade billig (12 €), aber noch zu verkraften ist…

Osteria da Fiore (D 4)
S. Polo 2202/A,
Calle del Scaleter
Tel. 041 72 13 08
So und Mo Ruhetag, Luxus
Bootslinie 1: S. Silvestro, S. Stae
Die ehemalige Kneipe hat sich zum Edelrestaurant entwickelt, in dem venezianische Feinschmecker und Schickis ebenso essen gehen wie Amerikaner, Schweizer und Deutsche mit dem Gourmet-Führer unter dem Arm. Aus Mara Martins Küche kommen Fischgerichte allererster Qualität, aber auch sehr gute *risotti* (z. B. mit Steinpilzen oder Scampi) und wirklich bemerkenswerte *dolci.*

Reservierung unbedingt empfohlen. Menü um 85 €.

Alle Testiere (F 5)
Castello 5801,
Calle del Mondo Nuovo
Tel. 041 522 72 20
So Ruhetag,
teuer bis Luxus
Bootslinien 1, 41, 52, 82:
San Zaccaria
1, 82: Rialto
Das größte Problem in dem kleinen Lokal ist, einen der nur 20 Plätze zu bekommen. Wenn das gelungen ist, gibt's garantierten Genuss. Die ausgezeichnete Fischküche orientiert sich am täglichen Marktangebot, daher wechselt die Speisekarte häufig. Vorzüglich beispielsweise sind die Antipasti mit Meeresfrüchtespezialitäten, aber auch Tintenfisch-Gnocchi, St. Petersfisch mit Steinpilzen oder Schwertfisch in einer Sauce aus Weißwein, Oliven und Kapern.

Nationalitätenküche

Kulinarisch sind die Italiener Nationalisten – mit gutem Grund. Ausländische Restaurants haben bei ihnen nicht annähernd so große Chancen wie in Deutschland, Holland oder England; die Konkurrenz der einheimischen Küche ist einfach zu groß. So gibt es auch in Venedig nur verhältnismäßig wenige Lokale, die ›exotische‹ Küche servieren.

Frary's (D 4)
San Polo 2559,
Fondamenta dei Frari
Tel. 041 72 00 50,
Di Ruhetag, günstig
Bootslinien 1, 82: S.Tomà
Hier werden in lockerem Ambiente Gerichte der griechischen und arabischen Küche serviert, u. a. Moussaka, Couscous, Taboulé, Magluba (Reis mit Gemüse, Huhn, Pinienkernen, Joghurt).

Gam-Gam (C 2)
Cannaregio 1122, Sottoportico del Ghetto Vecchio
Tel. 041 71 52 84, Fr Abend und Sa geschl., günstig bis moderat
Bootslinien 41, 42, 51, 52: Guglie
Das jüdische Restaurant liegt am Rand des alten Ghettos. Man kann auch draußen am Kanal speisen. Selbstverständlich kommen ausnahmslos koschere Gerichte auf den Tisch. Besonders empfehlenswert: der Vorspeisenteller ›Assaggi israeliani‹ mit verschiedenen Gemüsesaucen, Salaten und Fleischbällchen.

Iguana (E 2)
Cannaregio 2515,
Fondamenta della Misericordia
Tel. 041 71 35 61
18–2 Uhr, Mo Ruhetag, günstig
Bootslinien 1, 82: S. Marcuola,
41, 42, 51, 52: Madonna dell' Orto
Im abgelegenen Viertel bei der Kirche Madonna dell' Orto blühen die Studentenkneipen auf. Da hat auch ein Mexikaner in Venedig Platz. Sangria, Tequila, natürlich Tortillas, Huhn- und Rindfleischgerichte, alles zu günstigen Preisen.

Sahara (E 2)
Cannaregio 2519, Fondamenta della Misericordia
Tel. 041 72 10 77,
Mo Ruhetag, günstig
Bootslinien 1, 82: S. Marcuola
41, 42, 51, 52: Madonna dell'Orto
In dem syrischen Restaurant gibt es u. a. Hommos (Kichererbsenpüree mit Sesamsauce), Babaghannij (Auberginencreme), Cous-

Gepflegt dinieren in exquisitem Ambiente ...

cous und als Dessert Datteln mit Mandelcreme. Samstag abends kann man sich während des Essens an Bauchtanzvorführungen erfreuen.

Bacari

Die *bacari,* die venezianischen Weinstuben, gehören zum Alltagsleben der meisten Einheimischen. Hier kehrt man ein, um mit Kollegen und Nachbarn zu plaudern, um zwischendurch ein Gläschen Wein (eine *ombra,* zu deutsch: einen ›Schatten‹) zu trinken oder einen Happen zu essen. Am Tresen werden ab dem späten Vormittag die *cichetti* aufgebaut: Appetithäppchen, bei denen der Fantasie der Wirte keine Grenze gesetzt ist: Meeresfrüchte, eingelegte Gemüse, Käse, Salami, marinierter Fisch und viele andere Köstlichkeiten. Viele Bacari haben zugleich einen normalen Restaurantbetrieb, z. B. Vini da Pinto (S. 33), Vino Vino (S. 33), Da Alberto (S. 33). Die folgenden, sehr charakteristischen Bacari empfehlen sich eher für einen kleinen Imbiss.

Alla Vedova (E 3)
Cannaregio 3912, Ramo Ca' d'Oro
Tel. 041 528 53 24
11.30–14.30 und 18.30–23 Uhr
Do und So vorm. geschl.
Bootslinie 1: Ca' d'Oro
Der Name ›zur Witwe‹ erinnert mit Sicherheit an eine lustige Witwe, denn Lebensgenuss wird hier groß geschrieben. Am Tresen warten frittierte Fische, gefüllte Auberginen und Tomaten, Stockfisch, Krabbenspießchen. Auch das Restaurant ist zu empfehlen.

Cantina già Schiavi (C 6)
Dorsoduro 992, Fondamenta Nani

... bei Kerzenschein und Lüsterglanz

Tel. 041 523 00 34
8–14.15, 15.30–20 Uhr
So nachm. geschl.
Bootslinien 1, 82: Accademia
61, 62, 82: Zattere
Sehr lebendiger, traditionsreicher Bacaro mit riesiger Weinauswahl und vielen *cichetti:* frittierte Krebse, eingelegte Käse, marinierte Sardinen, Salami.

Do Mori (E 4)
San Polo 429, Calle dei Do Mori
Tel. 041 522 54 01
So Ruhetag
8.30–20.30 Uhr
Bootslinien 1, 82: Rialto
Eine der ältesten und schönsten Weinstuben der Stadt. Die Decke hängt voller Kupferkannen und -töpfe, in den Regalen stehen verlockend die Weinflaschen, und die *cichetti* sind vorzüglich, z. B. Artischocken mit Schinken, Röstbrot mit Lachs- oder Thunfischsauce.

Cafés

Le Bistrot de Venise (F 5)
S. Marco 4685, Calle dei Fabbri
Di Ruhetag
Bootslinien 1, 82: Rialto
Ein kulturell engagiertes Café-Restaurant, das einen Preis für junge Maler vergibt. Oft finden hier Grafik- oder Fotoausstellungen statt, abends auch Livemusik, Kabarett oder Dichterlesungen. Gemütliche Einrichtung und junges Publikum.

Café Blue (C 5)
Dorsoduro 3778, Crosera
So Ruhetag
Bootslinien 1, 82: S. Tomà
Bei Musik, Flipper und moderner Kunst an den Wänden trifft sich hier vor allem abends eine fast ausnahmslos junge Klientel.

Il Caffè (C 5)
Dorsoduro 2963,

Campo S. Margherita
So Ruhetag
Bootslinie 1: Ca' Rezzonico
Kleines, bei Studenten beliebtes Café, Musik (gelegentlich auch live), gute belegte Brote. Im Sommer sitzt man schön auf dem Campo.

Causin (C 5)
Dorsoduro 2996,
Campo S. Margherita
So Ruhetag
Bootslinie 1: Ca' Rezzonico
Manche meinen, hier gebe es das beste *gelato* der Stadt. Das ist nicht richtig: Bei ›Il Doge‹ gleich um die Ecke (und nicht nur dort) ist es besser. Aber man sitzt gut in dem traditionsreichen, schlichten Café mit den Bildern des alten Venedig an den Wänden.

Neu: ›Bancogiro‹

Die in einem früheren Lagerhaus direkt am Rialto-Markt eingerichtete Osteria hat sich schnell zum beliebten Treffpunkt entwickelt. Besonders mittags ist hier viel los. Man sollte die Atmosphäre bei einem Appetithappen und einem Glas Wein genießen – die Tellergerichte enttäuschen, der Service ist langsam. San Polo 122, Campo San Giacometto (E 4), Tel. 04 15 23 20 61, 10.30–15, 18.30–23 Uhr, So abends und Mo geschl. Bootslinien 1, 82: Rialto

Chioggia (F 6)
Piazzetta S. Marco 11
Bootlinien 1, 82: S. Marco
Die Alternative zu den teuren Cafés am Markusplatz: gleich um die Ecke, gegenüber dem Dogenpalast, hübsch eingerichtet und von romantischen Klaviertönen beschallt. Innen allerdings ist der Platz eng; besser sitzt man draußen auf der Piazzetta.

Cico Bar (D 4)
S. Polo 1960, Campo S. Polo
So Ruhetag
Bootslinien 1, 82: S. Tomà
Vor allem die Lage an einem der schönsten und belebtesten Plätze der Stadt ist optimal: Über den Cappuccino hinweg kann man dem immer interessanten Straßenleben zuschauen.

Florian (F 5)
Piazza S. Marco 56
Mi Ruhetag (nur im Winter)
Bootslinien 1, 82: S. Marco
Eines der berühmtesten Kaffeehäuser der Welt. Seit 280 Jahren hat kaum ein Venedig-Gast von Rang auf den Besuch im ›Florian‹ verzichtet, und noch heute trifft sich hier die Prominenz, vor allem während der Filmfestspiele. Allein wegen der Einrichtung (Spiegel und Holzmalereien, plüschige Velours-Bänke) sollte man einmal hineinschauen, trotz der stilgerecht hohen Preise (Cappuccino 7 €, wenn Musik spielt, 4 € Aufpreis).

Gran Caffè Quadri (F 5)
Piazza S. Marco 120
Bootslinien 1, 82: S. Marco
Die historische Konkurrenz des ›Florian‹, im 19. Jh. das Café der österreichischen Besatzer und daher von den Venezianern boykottiert. Die hübsche Einrichtung und

Im traditionsreichen ›Café Florian‹ genießt beim Espresso den Blick auf das bunte Treiben des Markusplatzes

vor allem die Musikkapelle lassen noch immer wienerische Töne anklingen; es gibt sogar ›Kipferl‹ (hier *chifel* genannt).

Lavena (F 5)
Piazza S. Marco 133
Bootslinien 1, 82: S. Marco
Neben dem ›Florian‹ und dem ›Quadri‹ das dritte historische Café am Markusplatz, weniger berühmt als die Konkurrenz, aber die Lage ist ebenso gut und der Kaffee ausgezeichnet …

Eis

La Boutique del Gelato (F 4)
Castello 5727, Salizzada S. Lio
Bootslinien 1, 82: Rialto
Eine der besten Eisdielen in Venedig: Es gibt wenige, aber sorgfältig zubereitete Geschmacksrichtungen. Cremige Konsistenz und Riesenportionen.

Il Doge (C 5)
Dorsoduro 3058/A
Rio Terrà Canal
Bootslinie 1: Ca' Rezzonico
Cremiges Eis von bester Qualität und große Portionen. Einziger Schwachpunkt: Bei manchen Sorten werden leider Aromastoffe statt frischer Früchte verwendet – die gut 40 unterschiedlichen Geschmackstypen sind vielleicht doch etwas viel …

Gelateria Squero (C 6)
Dorsoduro 990,
Fondamenta Nani
Bootslinien 61, 62, 82: Zattere
Der kleine Eissalon hat mit großer Konkurrenz zu kämpfen: Wenige Schritte entfernt lockt die Gelateria Nico die Kundschaft mit einer schönen Terrasse am Giudecca-Kanal. Aber im Squero ist das Eis ausgezeichnet, und deshalb gibt es keine Verkaufsprobleme: Oft drängen sich die Einheimischen bis auf die Gasse.

Seit jeher ist Venedig der Ästhetik verpflichtet. Schöne Dinge aus allen Gebieten lassen sich hier immer noch gut einkaufen, ob es sich nun um Antiquitäten oder Mode handelt, um Masken oder Marmorpapier, Schmuck oder Stoffe.

Die meisten Geschäfte sind im Viertel zwischen Markusplatz und Rialto-Brücke konzentriert, in den Einkaufsstraßen der Mercerie. Hier sind allerdings auch die Preise am höchsten, und manches kauft man in größerer Entfernung vom touristischen Zentrum günstiger. Viele Bekleidungs- und Schuhgeschäfte findet man beispielsweise im Straßenzug zwischen Rialto-Brücke und Campo S. Polo.

Für Lebensmittel ist der ›Bauch von Venedig‹ um den Rialto-Markt das interessanteste Gebiet. Die alten Handwerkstraditionen sind vor allem auf den Inseln lebendig geblieben: Noch immer werden auf Burano Spitzen geklöppelt und auf Murano Gläser geblasen (s. Extra-Tour 4, S. 90f.).

Die Öffnungszeiten entsprechen, sofern nicht anders angegeben, den auf der vorderen Umschlaginnenseite (›Wichtiges in Kürze‹) angegebenen.

Antiquitäten

Antiquus (D 5)
San Marco 3131,
Calle de le Boteghe
Bootslinie 82: S. Samuele
Nobles Antiquitätengeschäft mit kostbarem Schmuck, Möbeln, alten Gemälden und Skulpturen.

La Luna nel Pozzo (C 6)
Dorsoduro 2860,
Calle Lunga San Barnabà
Bootslinie 1: Ca' Rezzonico
Sympathisches Antiquitätengeschäft mit reicher Auswahl an alten Gläsern, Möbeln, Silberbesteck, Porzellan, Schmuck.

Glas

Barovier & Toso (s. Karte Murano)
Murano,
Fondamenta dei Vetrai 28
Bootslinien 41, 42: Colonna
Einer der traditionsreichsten Betriebe auf der Glasbläserinsel Murano (s. Extra-Tour 4, S. 90f.).

Giorgio Nason (E 6)
Dorsoduro 167,
Calle S. Gregorio
Bootslinie 1: Salute
In seinem kleinen Laden (gleichzeitig Werkstatt) variiert Giorgi Nason auf originelle Art die alten Traditionen des Glasschmucks.

Paolo Rossi (G 5)
Castello 4685,
Campo S. Zaccaria
Bootslinien 1, 41, 52, 82:
S. Zaccaria
Vorzügliche Imitate historischer Gläser. Wem es lediglich auf die Ästhetik ankommt und nicht auf die – unbezahlbaren – Originale, der wird hier bestens bedient.

Venini (F 5)
S. Marco 314,
Piazzetta dei Leoncini,
Bootslinien 1, 82: S. Marco
Moderne Glas-Kunstwerke aus einem der international bekanntesten Betriebe der Branche.

Kunsthandwerk

A Mano (D 4)
S. Polo 2616, Rio Terrà
Bootslinien 1, 82: S. Tomà
Alessandro Salvadori produziert und verkauft in seiner Ladenwerkstatt reizvolle, sehr originelle Objekte: handbemalte Lampenschirme, Rahmen aus bunt stuckiertem Holz, Glas- und Metallskulpturen.

BAC-Art-Studio (D 6, E 4)
Dorsoduro 862 (D 6),
Piscina del Forner
Bootslinien 1, 82: Accademia
Filiale: San Polo 1069 (E 4),
Ruga Rialto
Bootslinien 1, 82: Rialto
Mit ihren Venedig-Grafiken haben Paolo Baruffaldi und Claudio Bazzicchetto seit 1977 mit großem Erfolg eine fast verlorene örtliche Tradition wieder belebt.

La Ciotola (C 5)
Dorsoduro 3948,
Crosera S. Pantalòn
Bootslinien 1, 82: S.Tomà
Hübsche, zum Teil mit ostasiatischen Techniken hergestellte Töpferware.

Alessandro Merlin (H 5)
Castello 3876,
Calle del Pestrin
Bootslinien 1, 41, 42: Arsenale
Alessandro Merlins ungewöhnliche Keramiken haben häufig erotische Motive zum Gegenstand.

Feine Stoffe in wunderschönen Pastelltönen nach Art des spanischen Künstlers Fortuny

Gilberto Penzo (D 4)
S. Polo 2681
Calle Seconda dei Saonieri
Bootslinien 1, 82: S. Tomà
Penzo baut historische Gondeln in kleinem Format nach. Er ist einer der größten Experten für venezianische Schiffsgeschichte, hält weltweit Vorträge und hat schon für zahlreiche Museen Modelle geschaffen. Historische Authentizität ist also garantiert! Die Preise variieren stark: Ein kleines Schiff kann man bereits für 20 € kaufen, die aufwändig detailgetreu gestalteten großen Modelle kosten bis zu 5000 €.

Sabbie e Nebbie (D 5)
S. Polo 2768/A
Calle dei Nomboli
Bootslinien 1, 82: S. Tomà
Schlicht-moderne, japanisch beeinflusste Keramik mit ansprechendem Design.

Lebensmittel

Aliani (E 4)
S. Polo 654,
Ruga Vecchia S. Giovanni
Bootslinie 1, 82: Rialto
Ausgezeichnetes Angebot an Käse und Wurstwaren, vor allem aus Norditalien.

Didovich (F 4)
Castello 5908,
Campo di S. Marina
Bootslinien 1, 82: Rialto
Pasticceria-Bar am ruhigen Campo di S. Marina mit interessantem Kuchenangebot.

Enoteca Vino e Vini (H 5)
Castello 3301,
Fondamenta dei Furlani
Bootslinien 1, 41, 42, 52:
S. Zaccaria
Gut sortierte Weinhandlung.

Pasticceria Marchini (E 5 und F 4)
San Marco 2769, Calle del Spezier
Bootslinie 1: S. Maria del Giglio
Filiale: Cannaregio 5794
Salizzada di S. Giovanni
Grisostomo
Bootslinien 1, 82: Rialto
Ein Paradies für Schleckermäuler: Riesenauswahl an verlockenden Kuchen aus der venezianischen, teilweise österreichisch beeinflussten Tradition (Kipferl, Strudel ...). Außerdem gibt es leckere, hausgemachte Pralinen.

Pastificio (E 4)
S. Polo 376, Ruga degli Speziali
Bootslinien 1, 82: Rialto
Kleines Geschäft mit zwei Dutzend Sorten hausgemachter Teigwaren, darunter so ausgefallene Sorten wie die Curry- oder Tintenfisch-*fettuccine,* daneben auch Oliven- oder Sesambrot u. a.

Rizzo (F 4)
Cannaregio 5778
Salizzada di S.Giovanni
Grisostomo
Bootslinien 1, 82: Rialto
Seit fast 100 Jahren stellt die Familie Rizzo Teigwaren her – das Pasta-Angebot ist unglaublich vielfältig. Daneben gibt es auch Olivenöl, Grappa und andere italienische Spezialitäten in großer Auswahl.

Markt

Rialto-Markt (E 4)
S. Polo, zwischen Rialto-Brücke und Pescaria
Bootslinien 1, 82: Rialto
Mo–Sa 8–16 Uhr,
Fischmarkt: Di–Sa 8–13 Uhr
Den farbenfrohen Rialto-Markt sollte man sich nicht entgehen lassen. Direkt am großen Kanal werden Gemüse, Käse, Wurstwaren, Obst und Fleisch verkauft. Besonders reizvoll ist der Fischmarkt im Gewölbe der Pescaria. Zahlreiche interessante Lebensmittelgeschäfte findet man auch in den benachbarten Gassen.

Masken

Sergio Boldrin (E 4)
S. Polo 80, Calle degli Orefici
(am Fuß der Rialto-Brücke)
Bootslinien 1, 82: Rialto
Künstlerische Masken, z. T. in der Tradition der Commedia dell' Arte, aber auch moderne Varianten. Voller Stolz hängt Boldrin eine Woody-Allen-Widmung an der Tür aus.

Laboratorio Artigiano Maschere (G 4)
Castello 6657, Barbaria delle Tole

Masken in allen Variationen: Und alle sind von Hand gefertigt

Bootslinien 41, 51, 52: Ospedale Civile
Mit Gefühl rekonstruierte, historische Masken der *commedia dell' arte,* wie sie im Karneval des 18. Jh. Verwendung fanden.

Pietro Longhi (D 4)
S. Polo 2604/B, Rio Terrà
Bootslinien 1, 82: S. Tomà
Das Atelier Longhi fertigt originelle, farbenfrohe Masken und historische Karnevalskostüme.

Mode

Coin (F 4)
Cannaregio 5792,
Salizzada di S. Giovanni Crisostomo
Bootslinien 1, 82: Rialto
Eines der wenigen Kaufhäuser der Stadt, mit großem und vergleichsweise preisgünstigem Angebot an Herren- und Damenkleidung.

Duca d' Aosta (F 4)
S. Marco 4945,
Mercerie del Capitello
Bootslinien 1, 82: Rialto
Eines der zahlreichen klassisch-eleganten Modegeschäfte im Gebiet zwischen S. Marco und Rialto-Brücke.

Fratelli Rossetti (F 5)
S. Marco 4800
Campo S. Salvador
Bootslinien 1, 82: Rialto
Die venezianische Filiale des renommierten Schuhgeschäfts verkauft klassische italienische Modelle.

Luisa Spagnoli (F 4)
S. Marco 5534,
Campo S. Bartolomeo
Bootslinien 1, 82: Rialto
Damenmodegeschäft der legendären Modedesignerin.

Roberto Tolin (C 5)
Dorsoduro 3769/A, Crosera
Bootslinien 1, 82: S. Tomà
In seiner winzigen, chaotischen Werkstatt fertigt Roberto Tolin elegante Schuhe nach Maß.

Musik

Nalesso (D 6)
S. Marco 2765/D,
Calle del Spezier
Bootslinien 1, 82: Accademia
Große Auswahl an Noten und CDs, spezialisiert vor allem auf die venezianische Musik des 18. Jh.

Il Tempio della Musica (F 4)
S. Marco 5368,
namenlose Seitengasse der Salizzada Pio X
Bootslinien 1, 82: Rialto
Riesenauswahl an CDs mit klassischer Musik, Opern, Jazz, viele Sonderangebote.

Papier

Gianni Basso (G 3)
Cannaregio 5306, Calle del Fumo
Bootslinie 41, 42, 51, 52: Fondamenta Nuove
Gianni Basso druckt auf seinen Handpressen besonders schöne, persönlich gestaltete Visitenkarten, Briefpapier, Einladungen.

Legatoria Piazzesi (E 6)
S. Marco 2511,
Campiello della Feltrina
Bootslinie 1: S. Maria del Giglio
Die *legatoria* pflegt seit Beginn des 20. Jh. die Tradition handbedruckten Papiers, aus dem Hefte, Notizbücher, Kalender und Briefbögen gefertigt werden. Hübsch sind auch die Figuren aus Pappmaché.

Il Pavone (D 7)
Dorsoduro 721,
Fondamenta Venier
Bootslinien 1, 82: Accademia
Spezialitäten des hübschen Ladens sind Marmorpapier, Stempel und Siegel.

Alberto Valese (D 5)
S. Marco 3471,
Campiello S. Stefano
Bootslinien 1, 82: Accademia
Reiche Auswahl an fantasievoll bedrucktem farbigen Papier.

Schmuck

Anticlea Antiquariato (G 5)
Castello 4719/A, Calle S. Provolo
Bootslinien 1, 42, 52: S. Zaccaria
Ein wirklich herrliches Durcheinander alter und neuerer Juwelen, Ringe, Perlen, Halsketten in allen Farben.

Attilio Codognato (F 6)
S. Marco 1295,
Calle Seconda dell' Ascensione
Bootslinien 1, 82: S. Marco
Das höchst stilvolle Geschäft ist eine wahre Schatzkammer mit vorwiegend alten und sehr wertvollen Schmuckstücken.

Attombri (E 4)
S. Polo 74,
Sottoportico degli Orafi
Bootslinien 1, 82: Rialto
Mit alten Murano-Glasperlen in modernem Design entstehen raffinierte und sehr originelle Schmuckstücke.

Stoffe

Color Casa (D 4)
S. Polo 1990
Calle della Madonnetta
Bootslinien 1, 82: S. Tomà
Reiche Auswahl kostbarer farbenprächtiger Stoffe, Kissen, Taschen, Vorhänge.

Norelene (D 7)
Dorsoduro 727,

Calle della Chiesa
Bootslinien 1, 82: Accademia
Aus den handbedruckten Stoffen der Französin Hélène Ferruzzi entstehen Hüte, Tücher, Taschen, Kissen und Kleidungsstücke von großem Reiz.

Venetia Studium (E 6)
S. Marco 2403, Via XXII. Marzo und S. Marco 2428, Calle delle Ostreghe
Bootslinien 1, 82: S. Marco
Seidenschals, Halstücher, Stoffe im Stil des spanischen Künstlers Mariano Fortuny (s. S. 75).

Auch Nachbildungen der Gondeln und der Salute-Kirche gibt es als Souvenirs: Wir bevorzugen das Original

In Venedig ist zwar, jedenfalls im Sommerhalbjahr, bis Mitternacht auf den Gassen und Plätzen immer etwas los, es gibt aber kaum spezielle Lokale des Nightlife: Diskotheken, Musikclubs, Szenelokale, Nachtbars. Vorbei sind die Zeiten, als Reisende aus ganz Europa in der dekadenten Metropole mehr oder weniger pikante Unterhaltung suchten. Heute begeben sich die Gäste eher auf Mondscheinspaziergänge an der Lagune und sinken spätestens um Mitternacht ins Bett.

Die meisten Venezianer gehen spätabends auch nicht mehr aus; nur im Studentenviertel um den Campo S. Margherita und im abgelegenen Cannaregio herrscht nach Mitternacht noch Leben. Szenelokale sind dünn gesät, schon ihre vielfach englischen Namen zeigen, dass sie in der Stadt einen Fremdkörper darstellen. Noch seltener findet man vornehmere Etablissements wie Pianobars und Clubs. Nachtschwärmer haben kaum Chancen; unter diesem Aspekt präsentiert sich Venedig so, wie es – auch – ist, nämlich als Provinzstadt mit 70 000 Einwohnern und nicht als internationales Touristenzentrum.

Beliebte Kneipen/ typische Lokale

Devil's Forest (F 4)
S. Marco 5185, Calle dei Stagneri
Tel. 041 520 06 23
Tgl. 9–1 Uhr
Bootslinien 1, 82: Rialto
Von allen venezianischen Lokalen ähnelt das Devil's Forest am ehesten einer Szenekneipe. Zur Einrichtung im Pub-Stil gehört auch eine original britische Telefonzelle (Telefon funktioniert!), neben dem Dudelsack hängt allerdings ein eher alpenländischer Hirschkopf an der Wand. Nicht zu laute Musik (gelegentlich auch live), das kulinarische Angebot verbindet England (Bier) und Italien (belegte Brote, *dolci*).

Enoteca (D 2)
Cannaregio 2710,
Fondamenta degli Ormesini
10.30–15, 19.30–2 Uhr,
So Ruhetag
Bootslinien 1, 82: S. Marcuola,
41, 42, 51, 52: Madonna dell'Orto
Ein schlichtes Lokal mit wenigen Holztischen, aber 30 Weinen im Ausschank und (für italienische Verhältnisse geradezu sensationell!) mehr als 100 Biersorten (davon drei vom Fass). Das junge Publikum lässt sich bis nach Mitternacht von Musik beschallen.

The Fiddler's Elbow (E 3)
Cannaregio 3847, Corte dei Pali
Tel. 041 523 99 30
Tgl. 17–1 Uhr
Bootslinie 1: Ca' d' Oro
Der rege Betrieb in diesem ›Irish Pub‹ quillt oft bis auf die Straße über. Zu essen gibt's nichts außer Chips, man kann zwischen vielen Biersorten (vom Fass) und Irish Coffee wählen, selbst der Fernseher tönt Englisch.

Ai Postali (C 4)
S. Croce 821, Fond. Rio Marin
Tel. 041 71 51 56
18–2 Uhr, So Ruhetag
Bootslinien 1, 52, 82: Ferrovia
In dieser beliebten *osteria* hängen Angebot und Öffnungszeiten von der Laune des Wirts Lilli ab. Wein und Bier gibt's immer, die vorzüglichen Crêpes bekommt man nicht jeden Tag. Trotzdem: Die Stimmung ist meist ausgezeichnet – vor allem an lauen Sommerabenden, wenn man draußen am Kanal sitzen kann.

Feine Fluchten

Casanova Disco (C 3)
Cannaregio 158/A,
Lista di Spagna
Tel. 041 275 01 99
Di, Do, Fr, Sa 21–4 Uhr
Bootslinien 1, 52, 82: Ferrovia
Neben dem exklusiven »Piccolo Mondo« die einzige Disko im historischen Venedig, gleichermaßen beliebt bei Studenten, Touristen und jüngeren Einheimischen. Donnerstags Rock und Revival, freitags lateinamerikanische Musik. Eintritt frei außer am Freitag (6 € inkl. ein Getränk); samstags 18–22 Uhr ›Happy Hour‹.

Al Theatro (E 5)
San Marco 1916,
Campo S. Fantin
Tel. 041 522 10 52
8–24 Uhr, kein Ruhetag
Bootslinien 1, 82: S. Marco
Bar und Restaurant liegen direkt neben der Oper La Fenice – kein Wunder, dass sich Al Theatro zum Stammlokal der Sänger entwickelte. Bis 23.30 Uhr gibt es auch etwas zu essen.

Martini Scala (E 6)
S. Marco 1980, Campo S. Fantin
Tel. 041 522 41 21
22–3.30 Uhr, Di Ruhetag
Bootslinien 1: S. Maria del Giglio, 82: S. Samuele
Kerzenschimmer und leichtes Klaviergesäusel für späte Gäste, die das Menü im dazugehörigen Restaurant ›Antico Martini‹ verpasst haben – oder anschließend weiterfeiern wollen.

Piccolo Mondo (D 6)
Dorsoduro 1056,
Calle Contarini Corfù
Tel. 041 520 03 71
22–4 Uhr, Mo Ruhetag
Bootslinien 1, 82: Accademia
Maximal 80 Leute passen in diese Disko-Bar, die Gesichts- und Kleiderkontrolleure am Eingang sortieren jeden aus, der ihnen zu freakig erscheint. Jackett und Krawatte sind trotzdem nicht notwendig, die Preise vertretbar: 10 € für den Eintritt inkl. ein Getränk.

Lokale mit Livemusik

Le Bistrot de Venise (F 5)
S. Marco 4685, Calle dei Fabbri
Tel. 041 523 66 51
9–1.30 Uhr, Di Ruhetag
Bootslinien 1, 82: Rialto
Das freundliche Café-Restaurant mit kulturellen Ambitionen veranstaltet häufig Konzerte, daneben auch Lesungen, Kabarett und Ausstellungen.

Caffé alla Città di Torino (E 5)
S. Marco 4592, Campo S. Luca
Mo–Fr 9–2 Uhr,
Sa, So Ruhetag
Bootslinien 1, 82: Rialto

Venedig bei Nacht: Es kann kaum romantischer sein

Treffpunkt vor allem junger Leute, die abends auch den Platz vor der Bar bevölkern. Im Winterhalbjahr gelegentlich Live-Auftritte von Musikern.

Da Còdroma (B 6)
Dorsoduro 2540,
Fondamenta Briati
Tel. 041 524 67 89
8–24 Uhr, So, Mo Ruhetag
Bootslinien 1: Ca' Rezzonico,
61, 62, 82: S. Basilio
Studentisches Publikum trägt zur lockeren Kneipenatmosphäre bei. Preiswerte Häppchen und belegte Brote dienen der Stärkung zwischendurch. Ein- oder zweimal in der Woche Livemusik.

Jazz Club Novecento (E 4)
S. Polo 900,
Campiello del Sansoni
Tel. 041 522 65 65,
12–15, 19–24 Uhr, Mo geschl.
Bootslinien 1, 82: Rialto
In der Osteria-Pizzeria an einem kleinen Platz in der Nähe der Rialtobrücke finden im Winterhalbjahr regelmäßig Jazzkonzerte statt.

Moriòn (H 4)
Castello 2951,
Calle del Moriòn
Tel. 041 241 75 53
Unregelmäßig geöffnet
Bootslinie 41, 42, 51, 52:
Ospedale Civile

Das selbst verwaltete Jugendzentrum – eindeutig das ›alternativste‹ Lokal der Stadt – veranstaltet Jazz- und Rocksessions.

Al Paradiso Perduto (E 2)
Cannaregio 2640,
Fondamenta della Misericordia
Tel. 041 72 05 81
19–2 Uhr, Mi Ruhetag
Bootslinien 1, 82: S. Marcuola, 41, 42, 51, 52: Madonna dell' Orto
Ein Klassiker der venezianischen Kneipenszene. Für die hiesigen Verhältnisse leicht freakig, manchmal finden große Schwoffeste statt, gelegentlich auch Jazzsessions.

Draußen sitzen

Kein Problem – wie in Italien üblich, stellen die venezianischen Cafés, Trattorien und Studentenlokale ihre Stühle auf Gassen und Plätze, wo immer sich Raum dazu bietet. Bis Mitternacht kann man in den lauen Sommernächten in der ganzen Stadt sein Glas Wein im Freien trinken. Danach wird es allerdings schwierig; am ehesten hat man am Campo S. Margherita Chancen, wo sich das Nachtleben länger ›rauszieht‹.

Du Champ (C 5)
Dorsoduro 3019,
Campo S. Margherita
Tel. 041 528 62 55
9–2 Uhr, Di Ruhetag
Bootslinie 1: Ca' Rezzonico
Zusammen mit ›IL Caffè‹ (s. S. 41) und dem ›Green Pub‹ (s. unten) eines der Lokale, in denen man bis 2 Uhr nachts auf dem um diese Uhrzeit belebtesten Platz Venedigs sitzen kann.

Green Pub (C 5)
Dorsoduro 3053/A,
Campo S. Margherita
Tel. 041 520 59 76
7.30–1.30 Uhr, Do Ruhetag
Bootslinie 1: Ca' Rezzonico
Ebenfalls am Campo S. Margherita. Das Bier ist englisch oder deutsch, die Sandwiches ur-venezianisch.

L' Olandese Volante (F 4)
Castello 5658, Campo S. Lio
Tel. 041 528 93 49
11–2, So 17–2 Uhr
Bootslinien 1, 82: Rialto
Der ›Fliegende Holländer‹ bietet eine riesige Bierauswahl, daneben auch preiswerte kleine Speisen. Man sitzt gemütlich auf dem Campo S. Lio in der Nähe der Rialto-Brücke.

Kultur & Unterhaltung

Feste und Festivals

Februar

Der venezianische **Karneval** wurde unter Napoleon verboten und erst 1980 wieder zum Leben erweckt. Sehenswert sind die wunderbaren historischen Kostüme und Masken – allerdings ist die Stadt dann noch überlaufener als sonst.

März

Su e Zo per i Ponti: Die ›Brücken rauf und runter‹ rennen viele Venezianer bei dem gleichnamigen Volkslauf am zweiten Sonntag im März durch alle sechs Stadtteile.

Mai

Festa della Sensa: Am Himmelfahrtstag fand früher die feierliche ›Vermählung des Dogen mit dem Meer‹ statt. Von seinem Prunkschiff, dem *bucintoro,* warf der Doge einen Ring zur Vermählung mit der Adria ins Wasser. Heute fahren städtische, kirchliche und militärische Würdenträger an diesem Tag gemeinsam zum Lido; dort versenkt der Bürgermeister einen Ring und einen Lorbeerkranz im Meer.

Vogalonga: Das Gegenstück zum Volkslauf ›Su e Zo per i Ponti‹. Die populäre Regatta steht allen an der Teilnahme interessierten Ruderern offen. Sie führt über eine Strecke von 32 km nach Burano und zurück.

Juni

Die alle zwei Jahre – in Jahren mit ungerader Zahl – stattfindende Kunstbiennale gehört zu den großen Ausstellungen zeitgenössischer Kunst. Sie wurde 1895 begründet. Neben den Länderpavillons der *giardini pubblici* werden heute auch die Seilerei *(corderie)* des Arsenals, die Scuola di S. Giovanni Evangelista und andere Gebäude für die Ausstellungen benutzt, die meist bis Ende September offen stehen. Von Anfang an war die Biennale für Skandale gut: Schon im Eröffnungsjahr erregte ein Bild des Malers Giacomo Grosso Anstoß, das nackte Frauen an einem Sarg zeigte.

Juli

Die **Festa del Redentore** am 3. Juli-Sonntag, eines der eindrucksvollsten venezianischen Feste, erinnert an das Ende einer Pestepidemie 1576. Bereits am Vorabend fahren viele Einheimische mit geschmückten Booten auf den Giudecca-Kanal, um dort bis zum mitternächtlichen Feuerwerk zu speisen und zu feiern. Bis in die frühen Morgenstunden geht das Fest auf dem Lido weiter. Am Sonntag zieht eine religiöse Prozession auf einer Pontonbrücke von den Zattere zur Redentore-Kirche.

August/September

Während des zweiwöchigen **Internationalen Filmfestivals** versammelt sich in Venedig Kinoprominenz aus aller Welt. Die Vorführungen finden im Palazzo del Cinema auf dem Lido statt; viele Filme sind aber auch in Open-Air-Kinos im historischen Zentrum zu sehen. Das Festival findet seinen Abschluss mit der Verleihung des begehrten Goldenen Löwen.

September
Die **Regata Storica** am 1. September-Sonntag verbindet eine glanzvolle Fahrt historischer Schiffe auf dem Canal Grande mit einer Gondelregatta, bei der Stadtbezirke und Inseln miteinander konkurrieren.

September/Oktober
Das 1930 begründete **Festival für zeitgenössische Musik** bietet Konzerte von hervorragender Qualität. In den vergangenen Jahren wurden unter anderem Opern von Strawinsky und Britten uraufgeführt.

November
Anlässlich der **Festa della Salute** am 21. November ziehen viele Venezianer über eine Pontonbrücke zur S. Maria della Salute, um auf dem Kirchenvorplatz eine Kerze zu entzünden.

Galerien

Il Capricorno (E 6)
S. Marco 1994,
Calle drio la Chiesa
Tel. 041 520 69 20
Bootslinien 1: S. Maria del Giglio, 1, 82: S. Marco
Wichtige, bekannte Galerie für moderne Kunst.

Galleria Contini (D 6)
S. Marco 2765,
Calle del Spezier
Tel. 041 520 49 42
Bootslinie 1: S. Maria del Giglio
Künstler des 20. Jh., vor allem klassische Moderne und Surrealismus. Für Normalverbraucher ist jedoch alles nur zum Anschauen: Die Preise für einen Chagall, Mirò oder Morandi gehen von 250 000 € aufwärts …

Prächtiges Farbenspiel: Die ›Regata Storica‹ ist immer sehenswert

S. Gregorio Art Gallery (E 6)
Dorsoduro 165,
Calle S. Gregorio
Tel. 041 522 92 96
Bootslinie 1: Salute
Eine kleine Galerie mit originellen Ausstellungen zeitgenössischer Künstler.

L'Occhio (D 7)
Dorsoduro 181,
Calle del Bastion
Tel. 041 522 65 50
Bootslinien 1, 82: Accademia
Die Galerie stellt vor allem italienische Gegenwartskunst aus.

Glücksspiel

Casino Municipale
Cannaregio 2040,
Strada Nuova (E 3)
Tel. 041 529 71 11
11–2.30 Uhr
Bootslinien 1, 82: S. Marcuola
Venedigs Spielkasino (unbedingt *Casinò* aussprechen – ein *Casíno* ist ein Freudenhaus!) befindet sich in dem historischen Palazzo Vendramin-Calergi am Canal Grande. An den Spieltischen wird elegantes Outfit erwartet (Jackett ist Pflicht), am Eingang muss man Pass oder Personalausweis vorweisen können. Eintritt: 3 €.

Kulturprogramm

Den besten Überblick über das venezianische Kulturprogramm kann man sich in der monatlich erscheinenden Zeitschrift »Venezia News« verschaffen. Bei den Touristen-Informationsbüros (s. S. 16) erhält man zusätzlich Hinweise auf Ausstellungen und Konzerte. Die Veranstaltungen des jeweiligen Tages (einschließlich des Kinoprogramms) erfährt man aus der örtlichen Tageszeitung »Il Gazzettino«.

Kino

Während der Filmfestspiele (s. oben) wird Venedig zur Filmmetropole; ansonsten ist das Angebot eher schwach. Programmkinos sind:

Accademia (D 6)
Dorsoduro 1019,
Calle Corfù
Tel. 041 528 77 06
Bootslinien 1, 82: S. Marco

Giorgione (F 3)
Cannaregio 4612,
Rio Terà dei Franceschi
Tel. 041 522 62 98
Bootslinien 1: Ca' d' Oro, Rialto,
82: Rialto

Musik & Konzerte

Konzerte finden das ganze Jahr über vor allem in den Kirchen statt, etwa in S. Maria Gloriosa dei Frari, S. Stefano oder der ›Vivaldikirche‹ della Pietà. Häufig werden Stücke aus der venezianischen Tradition gespielt (Vivaldi, Albinoni, Marcello). Auskunft aus den Info-Broschüren des Touristenbüros und den Tageszeitungen.

Feiertage in Italien

Erstaunlich: Das katholische Italien hat weniger kirchliche Feiertage als viele andere Länder. So sind beispielsweise Christi Himmelfahrt, Fronleichnam und Pfingstmontag normale Arbeitstage.

1. Januar (Neujahr)
6. Januar (Heilige Drei Könige)
Ostermontag
25. April (Tag der Befreiung) Ende des Zweiten Weltkriegs)
1. Mai (Tag der Arbeit)
2. Juni (Nationalfeiertag)
15. August (Mariä Himmelfahrt, *Ferragosto)*
1. November (Allerheiligen)
8. Dezember (Mariä Empfängnis)
25. und 26. Dezember *(Natale)*

Ai Musicanti (F 5)
S. Marco 1092,
Campo S. Gallo
Tel. 041 520 89 22
Bootslinien 1, 82: S. Marco
Kein ›echt venezianisches Lokal‹ – die meisten Gäste sind Touristen. Aber die gut vorgetragene Musik, darunter viele Gondellieder, stammt zum großen Teil aus der einheimischen Tradition.

Oper

La Fenice (E 6)
S. Marco 2549,
Campo S. Fantin
Tel. 041 578 65 11,
Fax 041 78 65 80
www.teatrolafenice.it
Bootslinien 1: S. Maria del Giglio, 1, 82: S. Marco Vallaresso
Das weltberühmte, klassizistische Opernhaus brannte Anfang 1996 ab; der Wiederaufbau kommt seit Jahren nicht voran. In der Zwischenzeit finden die Aufführungen im **Teatro Malibran** (s. unten) sowie im **Theaterzelt Palafenice** auf der Tronchetto-Insel statt (Bootslinien 3, 82: Tronchetto).

Theater

Teatro Fondamenta Nuove (G 3)
Cannaregio 5013,
Fondamenta Nuove
Tel. 041 522 44 98
Bootslinie 52: Fondamenta Nuove
Das frischeste Theater der Stadt, vorwiegend modern-experimentelles Theater und Tanz.

Teatro Goldoni (E 5)
S. Marco 4650,
Calle del Teatro
Tel. 04 12 40 20 11
Bootslinien 1, 82: Rialto
Natürlich ist Carlo Goldoni, der venezianische Komödiendichter des 18. Jh., im Spielplan immer wieder vertreten; doch das Theater führt auch zeitgenössische Stücke auf.

Teatro Malibran (F 4)
Cannaregio 5870,
Corte del Teatro Malibran
Tel. 041 78 66 01
Bootslinien 1, 82: Rialto
Das traditionsreiche, 1678 begründete Theater wurde nach einer langen Restaurierung 2001 wieder eröffnet. Hier finden Konzerte und Opernaufführungen statt.

Freizeit & Fitness

Fast alle Sportanlagen Venedigs befinden sich am Lido. Natürlich kann man in der Altstadt ›die Brücken rauf und runter‹ joggen, wie die Venezianer selbst es beim Volkslauf am zweiten Sonntag im März machen (s. S. 54), aber zu allen anderen Zeiten riskiert man dabei eine Menge ungläubiger Blicke. Wollen Sie aber auf den morgendlichen Lauf nicht verzichten, sollten Sie Ihrem Bewegungsdrang in den *giardini pubblici* (s. S. 59 und 77) frönen. Oder, wie alles andere: am Lido.

Golf

Circolo Golf di Venezia
Via del Forte,
Alberoni, Lido,
Tel. 041 73 10 15
Bootslinien 1, 51, 52, 61, 62 bis Lido, dann Buslinie C oder 9 km mit dem Taxi
Auf Venedigs einzigem Golfplatz dürfen Sie für 50 € spielen, wenn Sie einen Clubausweis vorzeigen können, der auch von einem heimischen Verein sein darf. 18-Loch-Anlage.

Radfahren

Fahrradverleih Bruno Lazzari
Viale S. Maria Elisabetta 21/B,
Tel. 041 526 80 19,
Tgl. 9–19.30 Uhr
Bootslinien 1, 51, 52, 61: Lido
Bei dem Verleih auf dem Lido bekommt man Tourenräder und Mountainbikes für 8 €/Tag. Die lang gestreckten Landstreifen der Lidi sind für Radtouren gut geeignet, z. T. kann man auf den Dämmen fahren.

Reiten

Circolo Ippico Veneziano
Ca' Bianca, Lido, Via Colombo
Tel. 041 526 51 62,
Bootslinien 1, 51, 52, 61, 62: Lido, dann Buslinien B, C
Veranstaltet Reitkurse.

Rudern

Obwohl es von Booten nur so wimmelt und die Venezianer selbst gern rudern, kann man in Venedig keine Ruderboote ausleihen. Ruder- und Kanukurse veranstaltet dagegen:
Circolo Canottieri Diadora
Ca' Bianca, Lido,
Via Sandro Gallo 136/B,
Tel. 041 526 57 42

Oder doch lieber zuschauen: Bei einer der 120 Regatten, die im Sommerhalbjahr in der Lagune veranstaltet werden (s. Feste S. 54).

Schwimmen

Natürlich nicht in der Lagune, wo's zu dreckig, zu befahren und aus gutem Grund verboten ist. Sehr viel besser sieht es an den Lidostränden aus. Im Sommer sind sie allerdings zum guten Teil von den Hotels besetzt (hohe Eintrittspreise); dann kann man nach Alberoni, Murazzi, oder S. Niccolò ausweichen (ab Lido – S. Maria Elisabetta mit Buslinien B/C).

Hotelpools
Einziges Hotel mit Pool in Venedig ist das Luxushotel Cipriani.

Städtisches Schwimmbad S. Biagio
Sacca Fisola, Giudecca,
Tel. 041 528 54 30
Bootslinien 41, 42, 82: Sacca Fisola

Städtisches Schwimmbad S. Alvise
Cannaregio 3161
Tel. 041 71 35 67
Bootslinien 41, 42, 51, 52: S. Alvise

Eintrittspreise der Städtischen Schwimmbäder: 5 €
Öffnungszeiten verschieden, meist nur 2–3 Std. am Tag.

Tennis

Für rund 16 €/Std. kann man in folgenden Clubs auf dem Lido Plätze mieten:
Bootslinien: 1, 51, 52, 61, 62: Lido, S. Maria Elisabetta

Lido
Via Sandro Gallo 163
Tel. 041 526 09 54

Ca' del Moro
Via F. Parri 6
Tel. 041 77 09 65

Venezia
Lungomare G. Marconi 41/d,
Tel. 041 526 03 35
Für Nicht-Mitglieder nur von Nov.–April.

Unternehmungen mit Kindern

Besondere Attraktionen für Kinder sind in Venedig dünn gesät. Doch eine Stadt ohne Autoverkehr, in der man sich gefahrlos bewegen kann und immer wieder Bootsfahrten unternimmt, ist schon durch ihre Anlage kinderfreundlich. Dazu kommt: Wie überall in Italien werden Kinder auch in Venedig in Restaurants selten als störend empfunden.

Glasbläser
Glasbläsern bei der Arbeit zuzuschauen gefällt den meisten Kindern. Man muss dazu nicht unbedingt nach Murano fahren (s. S. 90). In Venedig trifft man gelegentlich auf Geschäfte, wo während des Verkaufsbetriebs Glasobjekte hergestellt werden, z. B. im Glasladen Ecke Rio Terrà/Calle di Tagliapietra in der Nähe der Frari-Kirche (F 8).

Giardini Pubblici (K 7)
In der Parkanlage im Ostteil der Stadt (s. S. 77) gibt es einen kleinen Spielplatz. Hier haben Kinder auch die Chance, Spielgefährten zu treffen. Übrigens: Auch auf vielen städtischen Plätzen, vor allem auf dem großen Campo S. Polo, spielen einheimische Kinder.

Museo Storico Navale (J 6)
Die Modelle von Segel- und Motorschiffen und die Ausrüstungsgegenstände des Schifffahrtsmuseums können Kinder und Jugendliche begeistern (s. auch S. 76).

Lido
Wenn das Wetter es erlaubt: Ein Ausflug an den Strand macht immer Spaß.

Stadtteile

Cannaregio (A–G 1–3)

Cannaregio dehnt sich zwischen dem Bahnhof, der Lagune, dem Canal Grande und der Rialto-Brücke aus. Immer belebt ist der lange Straßenzug Lista di Spagna – Rio Terrà S. Leonardo – Strada Nuova mit seinen Läden, Bars und kleinen Märkten. Nördlich davon gelangt man in stille, fast verlassen wirkende Stadtteile, in denen auf den Kanälen die Boote dümpeln und von den Hausfassaden der Putz abblättert. In diesem Viertel haben an den Fondamenta Ormesini und den Fondamenta della Sensa einige Lokale der venezianischen Jugendszene einen Platz gefunden. Ganz in der Nähe erinnert das Ghetto an die Zeiten, als die jüdische Gemeinschaft von Venedig viele tausend Mitglieder zählte.

Castello (G 3–6 bis K 4–7)

Der größte der venezianischen *sestieri* (Stadtsechstel) erstreckt sich von der Seufzer-Brücke bis in die abgelegenen *quartieri* um die frühere Kathedrale S. Pietro. Viel Betrieb herrscht nur auf der Uferpromenade Riva degli Schiavoni, wo sich ein Nobelhotel an das andere reiht. Weiter östlich beruhigt sich das Treiben, vor allem im Arbeiterviertel um die Via Garibaldi, in das sich nur wenige Touristen verlaufen. Von hier gelangt man auch in die größte Parkanlage Venedigs, in die Giardini Pubblici; alle zwei Jahre im Sommer sind sie Schauplatz der Biennale d' Arte, der Kunstbiennale.

Vor allem Klöster und Handwerksbetriebe haben den Stadtteil geprägt. An die Klöster erinnern noch schöne Kirchen, wie SS. Giovanni e Paolo, S. Francesco della Vigna, S. Zaccaria. Die Handwerker arbeiteten früher für das Arsenal – einst die größte Werft und Waffenschmiede Europas. Noch heute finden sich viele kleine Werkstätten in der Gegend; sie stellen zwar kein Schiffszubehör mehr her, dafür aber Masken, Kunstgewerbe, Möbel …

Dorsoduro (A/C 5–8, D/E 6–8, F–H 7/8)

In der Nähe der Universität spielt sich das studentische Leben ab: Hier befinden sich Buchläden und preiswerte Lokale, und der Campo S. Margherita ist bis spät in die Nacht belebt. Doch der Dorsoduro hat noch andere Gesichter. Weiter östlich, zwischen Accademia-Museum, Guggenheim-Galerie und Salute-Kirche liegt traditionell das Viertel der Künstler; an der Uferpromenade der ›Zattere‹ treffen sich Einheimische und Touristen zum Eis oder Kaffee mit Blick über den Giudecca-Kanal; bei S. Angelo Raffaele und S. Nicolo dei Mendicanti gelangt man in ein ruhiges, fast verlassen wirkendes, ehemaliges Arbeiterviertel. Zu Dorsoduro zählen auch die Inseln S. Giorgio Maggiore und Giudecca.

Santa Croce (A–E 3/4)
Der einzige Stadtteil des historischen Venedig mit Autoverkehr: Im Westen von S. Croce befinden sich Parkhäuser und der Busbahnhof am Piazzale Roma. Die Modernisierung begann schon 1810, als Napoleon das Kloster S. Croce abreißen ließ, das dem *sestiere* seinen Namen gab. Durch S. Croce strömen morgens und abends die Pendler, die vom Bahnhof oder dem Piazzale Roma ins Zentrum streben. Das Eigenleben des Stadtviertels entfaltet sich am stärksten um den Campo dei Tolentini, in der Nähe der Architekturfakultät der Universität, sowie am hübschen, ruhigen Campo S. Giacomo dell' Orio.

San Marco (F/G 4–6, D/E 5/6)
Zwischen der Piazza San Marco und der Rialto-Brücke tobt das touristische Leben. So voll, so laut und berühmt ist kein anderer Stadtteil. Auch nicht so fein und so teuer: Hier liegen die nobelsten Geschäfte von Venedig, vor allem in den *mercerie,* den Einkaufsgassen rund um den Markusplatz. Antiquitäten, Juwelen, Kleidung, Kunst, dazwischen Snackbars und Souvenirläden – schon immer blühte in diesem Viertel das Geschäft. Um sich vom Einkaufsstress zu erholen, begibt man sich auf die weiten Plätze: auf die Piazza San Marco, wo sich das Gurren der Tauben und Kaffeehauswalzer mischen, aber auch auf die ruhigeren Campi S. Stefano und S. Angelo. Die Einheimischen treffen sich gern beim Goldoni-Denkmal direkt an der Rialto-Brücke.

San Polo (C–E 4/5)
Der kleinste Stadtteil zeigt Venedig in konzentrierter Form: Märkte, Läden, Kirchen, Plätze … Von hier aus, im Gebiet um den

Hier lässt es sich wohnen: an den romantischen Kanälen im Dorsoduro

Bauen in Venedig

Unter dem flachen Wasser der venezianischen Lagune befinden sich eine Schlammschicht und darunter ein etwa 1 m dicker Schwemmgrund aus Flussablagerungen, dem sich in der Tiefe ein tragfähiger Sand- und Tonuntergrund anschließt. Die Gebäude der Stadt stehen auf Lärchen- oder Eichenpfählen, die so tief in die Lagune getrieben wurden, dass ihre Spitze gerade noch aus den Schwemmablagerungen hervorschaut. Darüber legte man früher einen Rost aus kreuzweise verbundenen Lärchenstämmen. Bei großen Palazzi und Kirchen folgten darauf Grundmauern aus Kalkstein, die bis einige Fuß über dem höchsten Wasserstand hochgezogen wurden. Bei einfachen Häusern verwendete man stattdessen Bruchsteine. Die Rialto-Brücke steht auf rund 12 000 Pfählen, für die Salute-Kirche benötigte man hingegen rund 176 000 Stämme! Die Fundamente werden durch das Gewicht der Gebäude ungleichmäßig zusammengepresst. Um den daraus resultierenden unregelmäßigen Setzungen entgegenzuwirken, legte man horizontale Lagerhölzer in das Mauerwerk. In manchen Kirchen sieht man noch heute Ankerhölzer, welche die Wände untereinander verbinden. In die venezianische Architektur haben so Techniken des Schiffsbaus Eingang gefunden.

Rialto, begann sich die Stadt vor gut 1000 Jahren auszudehnen; hier ließen sich die ersten Händler nieder, und noch heute finden sich am Ufer des Canal Grande der Lebensmittel- und der Fischmarkt. Im Straßenzug zwischen Rialto und Campo S. Polo befindet sich ein Geschäft neben dem anderen – ebenso dicht gedrängt, aber preiswerter und ›einheimischer‹ als im Gebiet um S. Marco. In den schmalen Gassen wird es schnell eng, dafür ist der Campo S. Polo nach dem Markusplatz die größte unbebaute Fläche der Stadt. Stundenlang kann man hier bei einem Kaffee oder einem Glas Wein sitzen und das geschäftige Treiben beobachten. Mit der Frari-Kirche, der Scuola di S. Rocco und den Palazzi am Canal Grande besitzt S. Polo zudem große Kunstwerke.

Bauwerke

Arsenal (J 5)
Castello
Bootslinien 1, 41, 42: Arsenale
Hier wurde Venedigs Macht zusammengezimmert: Im Arsenal entstanden die Kriegs- und Handelsschiffe der Stadt. Die 1104 gegründete, im Lauf der Jahrhunderte immer wieder erweiterte Anla-

ge entwickelte sich im 15. Jh. mit 16 000 Arbeitern zur größten Schiffbaustätte der Welt. In dem Staatsbetrieb gab es Alters- und Krankenversorgung und ein eigenes Schulsystem. Werkswohnungen für die Beschäftigten standen in der Nähe. Man produzierte nicht nur Schiffe, sondern auch Waffen, außerdem sogar den Reiseproviant für die Schiffsbesatzungen: Besondere Öfen sorgten für extrem dauerhafte Kekse …

Heute ist das Arsenal zum größten Teil eine Industrieruine. Glanzvoll allerdings ist nach wie vor der Zugang am Campo dell' Arsenale. Das Tor, der erste Renaissancebau in Venedig, stammt von 1460. Die Marmorlöwen sind Beutestücke aus Griechenland: Der linke stammt aus Piräus, der rechte aus Delos, den mittleren fand man auf der Heiligen Straße, die von Athen nach Eleusis führt.

Biblioteca Marciana (Markusbibliothek, F 6)
Piazzetta S. Marco
Bootslinien 1, 82: Vallaresso
Der monumentale Renaissancebau gegenüber dem Dogenpalast wurde 1537–54 von dem florentinischen Architekten Jacopo Sansovino errichtet. Er beherbergt noch heute die bedeutenden Sammlungen der Biblioteca Marciana: rund 900 000 Bücher und nicht weniger als 13 000 Handschriften.

Ca' d' Oro (E 3)
Cannaregio, Calle di Ca' d' Oro
Bootslinie 1: Ca' d' Oro
Der schönste gotische Palazzo der Stadt (das ›Goldene Haus‹) wurde 1421–40 erbaut. Die Verzierungen des durchbrochenen Mauerwerks erinnern an ein Gewebe feinster Spitzenarbeit. In der Ca' d' Oro befindet sich die Galleria Franchetti (s. S. 74).

Ca' Rezzonico (C 6)
Dorsoduro,
Fondamenta Rezzonico
Bootslinie 1: Ca' Rezzonico
Der große Barockpalast stammt von Baldassare Longhena, der auch die Salute-Kirche an der Einfahrt zum Canal Grande entwarf. Die kostbar ausgemalten Räume kann man besichtigen und erhält so einen Einblick in die venezianische Wohnkultur des 18. Jh. (s. S. 75).

Casa di Marco Polo (F 4)
Cannaregio 5858,
Corte 2 del Milion
Bootslinien 1, 82: Rialto
In dem bescheidenen Haus in der Nähe der Rialto-Brücke wurde angeblich 1254 Marco Polo geboren, dessen Buch »Il Milione« als ausführlicher Bericht von einem jahrzehntelangen China-Aufenthalt Weltruhm erlangte. Immer wieder ist die Authentizität des Werks angezweifelt worden, und noch heute streiten sich die Gelehrten, ob Marco Polos Bericht wirklich auf eigenen Erfahrungen beruht.

Casa di J. Tintoretto (E 2)
Cannaregio 3399,
Fondamenta dei Mori
Bootslinie 41, 42, 51, 52:
Madonna dell' Orto
Das hübsche gotische Haus war der Wohnsitz des Malers Jacopo Tintoretto, der hier 1594 starb und in der nahe gelegenen Kirche Madonna dell' Orto begraben liegt. Obwohl Tintoretto erfolgreich und berühmt war, hatte er bei seinem Tod so wenig Geld zurückgelegt, dass seine Witwe den Senat für sein Begräbnis um Unterstützung bitten musste. Sein

Der Dogenpalast: Hier feierte man rauschende Feste und tätigte wichtige Geschäfte

kleines Wohnhaus zeigt, wie bescheiden der Künstler lebte.

Dogenpalast (F/G 5/6)

Piazzetta S. Marco
April–Okt. tgl. 9–19 (Einlass bis 17.30 Uhr), Nov.–März 9–17 (Einlass bis 15.30 Uhr)
Eintritt: 10 €, Ticket gilt auch fürs Archäologische Museum und das Museo Correr (s. S. 74, 75)
Bootslinien 1, 82: Vallaresso

Das Zentrum der Macht: Im Palazzo Ducale wohnte nicht nur der Doge, sondern hier tagten auch die wichtigen Ausschüsse wie z. B. der Senat, der ›Rat der Zehn‹ und der Große Rat, dem alle männlichen Adligen über 25 Jahren angehörten. An der reich verzierten ›Porta della Carta‹, durch die man das Gebäude betritt, wurden staatliche Dekrete ausgehängt, zwischen den beiden roten Säulen in der Nähe die Todesurteile verkündet.

Ursprünglich war der Sitz des Dogen ein ganz von Wasser umgebenes Kastell. Der heutige Bau stammt zum größten Teil aus dem 14. Jh. und wurde nach einem Brand 1577 teilweise erneuert. Die ›Scala d' Oro‹ (Goldene Treppe), die einst nur Ratsherren und Staatsgäste betreten durften, führt zu den Amts- und Repräsentationsräumen. Diese sind überreich mit Bildern venezianischer Maler geschmückt – in so großer Menge, dass man sich leicht davon erschlagen fühlen kann. Schon 1740 bemerkte der französische Reisende Charles de Brosses ironisch in seinem Tagebuch: »Mit den Tintorettos ist überhaupt kein Fertigwerden, ich habe mich darauf beschränkt, ein gutes Tausend seiner Hauptwerke zu betrachten.«

Der venezianische Palazzo

Die großen Wohnbauten Venedigs wurden immer nach einem einheitlichen Schema errichtet. An den breiten, oft nach außen repräsentativ geschmückten Mittelabschnitten schließen sich rechts und links kleinere Flügel an. Im Erdgeschoss befand sich eine durchgehende Halle, der *portego,* in dem meist ein Warenlager eingerichtet wurde – schließlich waren fast alle Patrizierfamilien im Handel tätig. Das darüber liegende Zwischengeschoss beherbergte Kontor- und Geschäftsräume. Dann folgte der *piano nobile* mit einem Saal für Feste und Empfänge; an seinen Seiten lagen Wohn- und Schlafzimmer. Im zweiten Stock waren Wirtschaftsräume untergebracht. Nur die Seitenflügel konnten beheizt werden, nicht aber der Mittelbereich, wie man noch heute an der Position der Kamine sieht. Auf dem Dach befand sich häufig ein ›Altan‹, eine hölzerne Dachterrasse, als Ersatz für die in Venedig seltenen Gärten.

Herausragend sind die mythologischen Bilder Tintorettos in der Sala del Anticollegio, die Werke Paolo Veroneses in der Sala del Collegio sowie Tiepolos »Neptun huldigt Venezia« in der Sala delle Quattro Porte. In der Waffenkammer wurden einst rund 9000 Waffen zum Gebrauch aufbewahrt; nach der Plünderung durch die französischen Truppen 1797 blieb noch ein Viertel des ursprünglichen Bestands übrig. Der größte Raum ist die Sala del Maggior Consiglio, in der sich bis zu 1500 Ratsherren versammelten, aber auch große Feste abgehalten wurden. An der Schmalwand befindet sich das größte Ölbild der Welt, das »Paradies«, das Tintoretto noch im Alter von 70 Jahren schuf. Es nimmt eine Fläche von 154 Quadratmetern ein. Ansprechender – und kleiner – ist Paolo Veroneses Deckenfresko »Apotheose Venedigs«.

Ein Gang über die Seufzer-Brücke führt in die berüchtigten ›Prigioni‹, die Gefängniskammern. Sie waren einst vollständig mit Tannenholz ausgeschlagen, so dass sie für die Gefangenen wie Särge wirkten mussten – eine besonders gemeine Strategie psychologischer Einschüchterung.

Gondelwerft San Trovaso (C 7)

Dorsoduro, Campo S. Trovaso
Bootslinien 51, 52, 82: Zattere
Noch fünf Gondelwerften, *squeri,* blieben in Venedig erhalten. Die San-Trovaso-Werft mit ihren Holzbalkonen ist die malerischste. Der Bau einer neuen Gondel dauert etwa zwei Monate. Sie kostet rund 25 000 Euro und hält im Durchschnitt 30 Jahre – allerdings mit gelegentlichen Reparaturen, die ebenfalls auf der Werft durchgeführt werden.

Gondeln

Knapp 11 m Länge, 1,40 m Breite, etwa 700 kg Gewicht – das sind die standardisierten Maße der heutigen Gondeln, die aus rund 280 Teilen und acht verschiedenen Holzarten zusammengezimmert werden. Genau 404 *gondolieri* sind zur Zeit noch in Venedig tätig. Bei der Einführung der ersten Dampfschiffe 1881 waren es etwa 2000, im 16. Jh. fuhren gar 10 000 Gondeln auf den Kanälen der Stadt. Schon 697 war erstmals von Gondeln in der Lagune die Rede. Im Lauf der Geschichte dekorierte man das beliebteste venezianische Fortbewegungsmittel immer prunkvoller. Um dem ausufernden Luxus entgegenzuwirken, bestimmte der Senat 1562, alle Gondeln müssten fortan mit schwarzem Tuch zugedeckt werden; seither kleiden sich die *gondole* in vornehmes Schwarz. Die Kunden der *gondolieri* sind fast ausschließlich Touristen; Venezianer benutzen das teure Gefährt (Stundentarif gegenwärtig 70 €, mit Musik zusätzlich 100 €) allenfalls noch bei Hochzeiten oder Beerdigungen.

Mulino Stucky (B 7)
Dorsoduro, Giudecca-Insel, Campo S. Biagio
Bootslinie 41, 42, 82: Sacca Fisola
Der neogotische Backsteinbau erhebt sich, von weither sichtbar, am westlichen Rand der Giudecca. Der Schweizer Unternehmer Giovanni Stucky ließ die Getreidemühle 1882 errichten. Die Industrieruine stand jahrzehntelang leer; gegenwärtig wird geplant, sie zu einem Luxushotel mit Kongresszentrum umzubauen.

Palazzo Contarini del Bovolo (E 5)
S. Marco, Calletta Contarini del Bovolo
Bootslinien 1, 82: Rialto
Ein architektonischer Geheimtipp: die hübsche, in einen Turm gebaute Wendeltreppe dieses Palazzo. Man sieht das verspielte Renaissance-Kunstwerk von einem kleinen, vom Campo Manin aus zugänglichen Hof (Hinweisschild).

Palazzo Vendramin-Calergi (D 3)
Cannaregio 2040, Calle Larga Vendramin
Bootslinien 1, 82: S. Marcuola
Der imposante Renaissancebau von Mauro Coducci am Canal Grande beherbergt im Winterhalbjahr das städtische Spielcasino. Hier starb Richard Wagner am 13. Februar 1883.

Prokuratien (F 5)
Piazza S. Marco
Bootslinien 1, 82: Vallaresso
Edle Büro-Architektur: Die lang gestreckten Bauten an der Nord- und Südseite des Markusplatzes waren ursprünglich Gebäude der Staatsverwaltung. Unter den fortlaufenden Arkadenreihen – ein für die Stadt charakteristisches Ge-

Rialto-Brücke: ein Traumplatz für Verliebte

staltungsmerkmal – befinden sich heute Geschäfte und Cafés. Die Alten Prokuratien an der Nordseite wurden erstmalig wohl schon im 12. Jh. errichtet; der heutige Bau stammt aus dem frühen 16. Jh. Etwas früher entstand der Uhrturm, unter dem man in die *mercerie* – die Einkaufsstraßen – gelangt. Gegenüber erstrecken sich die Neuen Prokuratien (1583–1640). An der Schmalseite wurde der Markusplatz ursprünglich von einer Kirche abgeschlossen. Napoleon ließ sie abreißen und durch das heutige Gebäude ersetzen, in dem sich das Museo Civico Correr befindet (s. S. 75).

Rialto-Brücke (E/F 4)
S. Marco – S. Polo, Ponte di Rialto
Bootslinien 1, 82: Rialto
Venedig wie auf der Ansichtskarte: Die schwungvolle Brücke, das Gewimmel der Boote, die malerischen Palazzi ... Das Gebiet um den Rialto (von *rivo alto,* hohes Ufer) war der erste Siedlungskern der Stadt. Bis 1854 konnte man nur an dieser Stelle den Canal Grande auf einer Brücke überqueren. Ursprünglich war es eine gedeckte Holzbrücke, deren Mittelteil hochgezogen wurde, wenn große Schiffe durchfuhren. 1588–92 entstand der heutige Steinbau mit den Ladengebäuden. In der Umgebung hatten sich schon früh Bankiers und Händler niedergelassen, die an der Brücke ihre Waren in Empfang nahmen. Nach den Waren sind noch immer manche Straßen benannt: *fondamenta del vin* (Wein), *fondamenta del carbon* (Kohle), *fondamenta del ferro* (Eisen). Seit Jahrhunderten pulsiert am Rialto das Geschäftsleben. Auch die deutsche Kaufmannskolonie hatte hier ihre Niederlassung: im Fondaco dei Tedeschi, der jetzigen Hauptpost. Noch immer erstreckt sich ein Marktgelände am westlichen Ufer. Besonders der vormittägliche Fischmarkt lohnt den Besuch.

Scuola Grande di San Marco (G 4)
Castello,
Campo SS. Giovanni e Paolo
Bootslinie 41, 42, 51, 52: Fondamenta Nuove
Die Bruderschaft des hl. Markus errichtete Ende des 15. Jh. neben der großen Dominikanerkirche SS. Giovanni e Paolo einen besonders hübschen Bau, der heute noch als städtisches Krankenhaus dient. Die anmutig verspielte Fassade ist mit farbigen Mustern und Reliefs verziert. Die Architekten der *scuola* waren Pietro Lombardo und Mauro Coducci, die Reliefs entwarf Tullio Lombardo.

Teatro La Fenice (E 6)
S. Marco 2549, Campo S. Fantin
Bootslinien 1, 82: Vallaresso
Der Brand im Januar 1996 ließ von dem berühmten Opernhaus neben rauchenden Trümmern nur die Fassade übrig, und der Wiederaufbau im alten Stil kommt nur langsam voran. In der Fenice, die 1790–92 errichtet wurde und 1836 schon einmal durch Feuer zerstört wurde, wurden u. a. Verdis »Rigoletto« und »La Traviata«, Rossinis »Tancredi« und Bellinis »Die Capuleti und die Montecchi« uraufgeführt.

Kirchen

Sofern nicht anders angegeben, sind die Kirchen von 10 bis 17 Uhr geöffnet. Sonntag vormittags sind alle venezianischen Kirchen für Besucher geschlossen. In etwa 15 Kirchen, die von der Organisation ›Chorus‹ verwaltet werden, kostet der Eintritt 2 €. Mit dem empfehlenswerten ›Chorus-Pass‹ (8 €, für Studenten 5 €) kann man jede dieser Kirchen einmal besichtigen.

Chiesa dei Gesuati (Santa Maria del Rosario, C/D 7)
Dorsoduro,
Fond. Zattere ai Gesuati
Eintritt 2 € oder Chorus-Pass
Bootslinien 51, 52, 61, 62: Zattere
Am Zattere-Kai schaut die Kirche mit ihrer Barockfassade auf den Giudecca-Kanal. Drumherum tobt das Leben, doch im stillen Innenraum kann man die Kuppelfresken von Giambattista Tiepolo bewundern.

Chiesa del Redentore (E 8)
Dorsoduro, Campo del
SS. Redentore (Giudecca)
Eintritt 2 € oder Chorus-Pass
Bootslinien 41, 42, 82: Redentore
Die Erlöserkirche auf der Giudecca wurde zum Dank für die Befreiung von einer Pestepidemie ab 1576 erbaut. Der Architekt Andrea Palladio stützte sich auf antike Vorbilder. Streng mathematische Proportionen gliedern den Bau: So ist beispielsweise das Hauptschiff genau doppelt so lang wie breit.

Madonna dell' Orto (E 1/2)
Cannaregio,
Campo della Madonna dell' Orto
Eintritt 2 € oder Chorus-Pass
Bootslinie 41, 42, 51, 52:
Madonna dell' Orto
Hinter der Backsteinfassade mit ihren gotischen Ornamenten verbirgt sich eine große Basilika mit zahlreichen Gemälden von Jacopo Tintoretto (1518–94). In der rechten Chorkapelle befindet sich das Grab des Malers.

Sant' Alvise (D 1)
Cannaregio, Campo di S. Alvise
Eintritt 2 € oder Chorus-Pass
Bootslinie 41, 42, 51, 52: S. Alvise
Die Kirche aus dem 14. Jh. steht

in einem der abgelegensten Stadtviertel. Im Chor befindet sich ein Hauptwerk Giambattista Tiepolos, der »Gang Christi auf den Kalvarienberg« von 1743. Von Tiepolo stammt auch das Bild der »Dornenkrönung« an der rechten Langhauswand.

San Francesco della Vigna (H 4)
Castello, Campo S. Francesco
So–Fr 15–17 Uhr
Bootslinien 41, 42, 51, 52: Celestia
In einem abgelegenen Stadtteil haben zwei der bedeutendsten italienischen Architekten des 16. Jh. die große Kirche entstehen lassen: Jacopo Sansovino lieferte die Pläne und Andrea Palladio baute die Fassade.

San Giorgio dei Greci (G 5)
Castello, Salita dei Greci
10–12, 15–18 Uhr
Bootslinien 1, 42, 52: S. Zaccaria
Der schiefste Turm Venedigs erhebt sich über dem Gotteshaus der griechisch-orthodoxen Gemeinde. Der Innenraum der Spätrenaissance-Kirche ist reich mit Ikonen geschmückt.

San Giorgio Maggiore (G 7)
Dorsoduro, Campo S. Giorgio
9.30–12.30, 14.30–17 Uhr
Bootslinie 82: S. Giorgio
San Giorgio Maggiore gehört zum Stadtbild Venedigs wie der Dogenpalast und die Salute-Kirche. Der Bau wurde 1566 nach Plänen von Andrea Palladio begonnen; der Campanile entstand erst 1791 nach dem Vorbild des Glockenturms von San Marco. Im Chor befinden sich zwei großformatige Bilder von Jacopo Tintoretto, das »Abendmahl« und die »Mannalese«. Besonders lohnend ist die Fahrt mit dem Aufzug auf den Glockenturm, von dem aus man einen herrlichen Ausblick auf Venedig und die Lagune genießt.

Dank für die Befreiung von der Pest: Redentore-Madonna

San Marco / Markuskirche (F 5)
Piazza S. Marco
Kirche: 9.45–16.45 Uhr,
So, feiertags 14–17 Uhr
Galerie: tgl. 9.45–17.30 Uhr
Glockenturm: tgl. ab 9.45 Uhr, Schließung je nach Jahreszeit zwischen 16 und 19 Uhr
Bootslinien 1, 82: Vallaresso
Goethe verglich den ungewöhnlichen Bau spöttisch mit einem ›großen Taschenkrebs‹. Andere Besucher zeigten sich fasziniert von der Vielfalt der Farben und Formen des Monuments. San Marco, das weltberühmte Wahrzeichen Venedigs, wurde erst 1807 zur Bischofskirche geweiht. Bis dahin diente der Repräsentativbau als Kirche des venezianischen Staats und der Dogen. Seit 829 hatten an dieser Stelle zwei Vorläuferbauten gestanden. Der heutige, ab 1063 zur Verwahrung

der von den Venezianern aus Ägypten gestohlenen Reliquien des hl. Markus errichtete Bau zeigt orientalische und byzantinische Einflüsse. Nachdem 1204 die Venezianer Konstantinopel geplündert hatten, wurde viele Beutestücke in der Kirche aufgestellt.

Vorhalle und Innenraum sind mit großartigen Mosaiken ausgestattet, die zumeist im 12. und 13. Jh. entstanden. Sie nehmen mehr als 4000 m^2 Fläche ein. Zur prunkvollen Ausstattung zählen mehr als 2600 Säulen, zahlreiche Dogengräber, eine Porphyrkanzel, von der sich der neu gewählte Doge dem Volk zeigte, und das hochverehrte Madonnenbild der ›Madonna Nicopeia‹ in der linken Chorkapelle. Unter dem Hauptaltar befindet sich die Urne mit den Reliquien des hl. Markus. Dahinter steht die Pala d' Oro. Diese kostbare Altartafel wurde 1342 aus verschiedenen Goldschmiedearbeiten des 10.–14. Jh. zusammengesetzt und war mit nicht weniger als 1300 Perlen, je 300 Smaragden und Saphiren, rund 200 andere Edelsteinen sowie 80 Gold-Emailplatten mit der Darstellung biblischer Szenen besetzt. Ein Teil der Juwelen wurde von den Truppen Napoleons geraubt.

Von der Vorhalle erreicht man über eine Treppe die Galerie, in der die berühmten antiken Bronzepferde ausgestellt sind. Sie zierten einst die Außenfassade, wo sich nun eine Kopie des Gespanns befindet. Von der Aussichtsplattform genießt man einen schönen Blick über den Markusplatz.

Der frei stehende, 98 m hohe **Campanile** entstand erst 1912; sein Vorgängerbau brach 1902 zusammen, ohne dass dabei Menschen zu Schaden kamen. Ein Fahrstuhl führt auf den Glockenturm.

Neu: San Giovanni Elemosinario

Während der jahrzehntelangen Restaurierung der Renaissancekirche kamen vergessene Fresken von Pordenone ans Licht. Seit Ende 2001 sind sie zugänglich, ebenso wie ein bedeutendes Bildnis des S. Giovanni Elemosinario von Tizian. S. Polo, Ruga Vecchia S. Giovanni (E 4), Eintritt: 2 € oder Chorus-Pass, Bootslinien 1, 82: Rialto.

San Polo (D 4)
S. Polo, Campo S. Polo
Eintritt 2 € oder Chorus-Pass
Bootslinien 1, 82: S. Tomà
Eines der ältesten Gotteshäuser Venedigs: Die erste Anlage geht auf das 9. Jh. zurück. Der heutige Bau ist großenteils spätgotisch. Beherbergt bedeutende Kunstwerke wie ein »Abendmahl« von Tintoretto und die interessante Bildfolge der »Via Crucis« von Giandomenico Tiepolo (1749).

San Salvatore (F 5)
S. Marco, Campo S. Salvatore
Mo–Sa 9–12, 15–18 Uhr,
Eintritt 1,60 €
Bootslinien 1, 82: Rialto
Der Renaissancebau von Tullio Lombardo und Jacopo Sansovino birgt wichtige Werke von Tizian: die »Verkündigung« und die »Verklärung Christi«. Giovanni Bellini

Frari-Kirche: Antonio Canovas modernes Grab in gotischer Herberge

schuf das schöne »Mahl in Emmaus« (Kapelle links vom Chor).

San Sebastiano (B 6)
Dorsoduro, Campo S. Sebastiano
Mo–Sa 10–17 Uhr,
Eintritt 2 € oder Chorus-Pass
Bootslinien 61, 62, 82: S. Basilio
Viele Bilder dieser Kirche stammen von Paolo Veronese (1528–88), in dessen Gemälden immer wieder die venezianische Oberschicht der Renaissance dargestellt ist. Seine farbenfrohen Werke an der Decke des Langhauses zeigen Szenen aus dem Buch Esther (Altes Testament), in der Sakristei die »Marienkrönung« und die Evangelisten.

San Zaccaria (G 5)
Castello, Campo S. Zaccaria
10–12, 16–18 Uhr
Bootslinien 1, 41, 52: S. Zaccaria
Der Bau der venezianischen Architekten Antonio Gambello und Mauro Coducci entstand in den Jahren 1460–1500. Bis 1810 gehörte er zu einem Nonnenkloster. Ein Hauptwerk der Renaissancemalerei ist die »Thronende Madonna mit Heiligen« von Giovanni Bellini (1505).

Santa Maria Assunta dei Gesuiti (F 2/3)
Cannaregio, Campo dei Gesuiti
10–12, 17–19 Uhr
Bootslinien 41, 42, 51, 52: Fondamenta Nuove
Die aufwendig geschmückte Jesuitenkirche zeigt als bedeutendstes Kunstwerk am ersten Altar links die dramatische Darstellung »Martyrium des hl. Laurentius« von Tizian.

Santa Maria Formosa (G 5)
Castello, Campo S. Maria Formosa
Eintritt 2 € oder Chorus-Pass
Bootslinien 1, 41, 52: S. Zaccaria
Die Renaissancekirche überragt einen hübschen Platz. Sie wurde 1493–1500 nach Plänen von Mauro Coducci errichtet. Im Innenraum befindet sich das schöne Gemälde einer »Hl. Barbara« von Palma dem Älteren (um 1520).

Santa Maria della Salute: Abends erstrahlt sie in vollem Glanz

Santa Maria Gloriosa dei Frari (C 5)
S. Polo, Campo dei Frari
9–18, So und feiertags 13–18 Uhr, Eintritt 2 € oder Chorus-Pass
Bootslinien 1, 82: S. Tomà
›I Frari‹, wie die Kirche im Volksmund heißt, ist ein eindrucksvoller gotischer Bau, der Hauptwerke der venezianischen Malerei beherbergt. Über dem Hochaltar hängt Tizians »Himmelfahrt Mariens«. Ebenfalls von Tizian stammt die »Madonna des Hauses Pesaro« im linken Seitenschiff. Giovanni Bellini schuf die »Thronende Madonna mit vier Heiligen« in der Sakristei. Eindrucksvoll ist auch die Holzskulptur Johannes des Täufers von dem florentinischen Bildhauer Donatello in der Kapelle rechts vom Chor. Im rechten Seitenschiff steht ein monumentales Grabdenkmal aus dem 19. Jh. für Tizian.

Santa Maria dei Miracoli (F 4)
Cannaregio, Campo dei Miracoli
Eintritt 2 € oder Chorus-Pass
Bootslinien 1, 82: Rialto
Beliebt bei Hochzeitspaaren: In der kleinen Kirche werden besonders viele Ehen geschlossen. Der reizvolle Renaissancebau entstand 1481–89 als Schrein für ein wundertätiges Marienbild. Er ist mit kostbarem Gestein (vor allem Porphyr und Serpentin) farbig gemustert. Die reiche Dekoration des Innenraums greift auf antike Motive zurück.

Santa Maria della Pietà (G 5)
Castello, Riva degli Schiavoni
9–12 und 16–18 Uhr

Bootslinien 1, 41, 52, 82:
S. Zaccaria
Eines der Zentren venezianischer Musik: Im 18. Jh. war der Kirche ein Waisenhaus mit einem berühmten Chor und einer renommierten Musikschule angeschlossen. Antonio Vivaldi lehrte, komponierte und dirigierte hier 1703–45. Noch heute finden in dem Gotteshaus viele Konzerte statt. Das Deckenfresko der »Marienkrönung« stammt von Giambattista Tiepolo.

Santa Maria della Salute (E 6/7)
Dorsoduro, Campo della Salute
9–12, 15–17.30 Uhr
Bootslinie 1: Salute
Die große Kuppelkirche an der Einfahrt zum Canal Grande prägt das Stadtbild. Die Anlage ist effektvoll auf Fernwirkung berechnet, jeder kennt sie von unzähligen Venedig-Ansichten. 1630 beschloss der Senat die Ausführung des Baus nach einer Pestepidemie: Architekt war der erst 26-jährige Baldassare Longhena. In der Sakristei befinden sich Gemälde von Tizian und Tintoretto.

Santi (SS.) Giovanni e Paolo (San Zanipolo, G 4)
Castello,
Campo SS. Giovanni e Paolo
Mo–Sa 8–12.30, 15–18 Uhr
So 15–17.30 Uhr
Bootslinien 41, 42, 51, 52: Fondamenta Nuove
Der größte Sakralbau der Stadt: Das Hauptschiff der Dominikanerkirche ist 101,5 m lang und 35 m hoch. ›San Zanipolo‹, wie die Kirche im Volksmund genannt wird, wurde 1300–1450 im gotischen Stil errichtet. Zahlreiche Dogen liegen hier begraben. Zu den schönsten Denkmälern gehören das Renaissance-Grab von Pietro Lombardo für Pietro Mocenigo (rechts vom Eingang) und das Grabmal für Andrea Vendramin von Tullio Lombardo (links im Chor). Andere bedeutende Kunstwerke sind die farbigen Glasfenster im rechten Querschiff (1470), das Bild der »Almosenspende« von Lorenzo Lotto (1542) und die Gemälde von Paolo Veronese (16. Jh.) in der Cappella del Rosario. Vor der Kirche steht das schöne Reiterdenkmal des Söldnerführers Bartolomeo Colleoni von Andrea Verrocchio aus dem späten 15. Jh.

Museen

Collezione Peggy Guggenheim (D/E 6)
Dorsoduro 708, Fondamenta Venier, 10–18, Sa 10–22 Uhr, Di geschl.
Eintritt: 7 €
Bootslinien 1, 82: Accademia,
1: Salute
Im Garten liegen ihre 14 Hunde (»my beloved babies«) begraben, im Haus hängt die Kunst-Kollektion: Die amerikanische Millionärserbin Peggy Guggenheim sammelte in ihrem Palazzo am Canal Grande, was ihr lieb und wert war. Dabei kam eine kostbare Sammlung moderner Kunst zusammen. Ausgestellt sind Werke von Picasso, Braque, Klee, Kandinsky, Max Ernst, Magritte, Chagall und anderen Künstlern des 20. Jh.

Galleria dell' Accademia (D 6)
Dorsoduro, Campo della Carità
Mo 8.15–14, Di–So 8.15–19.15 Uhr, Eintritt: 7 €
Bootslinien 1, 82: Accademia
Ein besserer Überblick über die venezianische Malerei lässt sich nir-

Museen

EU-Bürger, die unter 18 und über 65 Jahre sind, haben in den staatlichen Museen freien Eintritt. Nehmen Sie einen Pass oder Personalausweis mit! In vielen Museen ist der Zutritt nur bis spätestens 30 Min. vor der Schließung erlaubt.

Collezione Guggenheim vor dem Museum: Marini-Reiter

gendwo gewinnen! Alle Großen sind mit Hauptwerken vertreten: Giovanni und Gentile Bellini, Carpaccio, Giorgione, Tizian, Tintoretto, Paolo Veronese, Tiepolo, Canaletto ... Unbedingt sehenswert: Giorgiones »Gewitter«, eines der frühesten und schönsten Landschaftsbilder der europäischen Malerei; Paolo Veroneses »Gastmahl im Haus des Levi«, das wegen seiner Affen, Hunde und exotischen Gäste einst fast der Inquisition zum Opfer gefallen wäre; die Venedig-Veduten von Canaletto und Guardi; die Szenen aus dem Alltagsleben des 18. Jh. von Pietro Longhi; die farbenfrohen Stadtansichten des späten 15. Jh. in den Szenen der »Kreuzlegende« von Carpaccio und Gentile Bellini.

Galleria Franchetti (in der Ca' d' Oro, E 3)

Cannaregio, Calle Ca' d' Oro
Mo 8.15–14, Di–So 8.15–19.15 Uhr, Eintritt: 3,50 €
Bootslinie 1: Ca' d' Oro
Die Kunstsammlung in dem schönen gotischen Palazzo am Canal Grande (s. S. 63) zeigt vor allem bedeutende Gemälde, u. a. von Tizian, Tintoretto, van Dyck, Mantegna, Guardi und Filippino Lippi.

Museo Archeologico (F 6)

Piazzetta S. Marco
April–Okt. tgl. 9–19 (Einlass bis 17.30 Uhr), Nov.–März 9–17 (Einlass bis 15.30 Uhr)
Eintritt: 10 €, das Ticket gilt auch für Dogenpalast und Museo Civico Correr
Bootslinien 1, 82: Vallaresso
Venezianische Adelsfamilien stifteten im Lauf der Jahrhunderte die kostbaren antiken Funde des Archäologischen Museums. Unter den berühmtesten Arbeiten finden sich klassische, griechische Frauenstatuen, drei ›gallische Krieger‹ aus Pergamon und der hellenistische Grimani-Altar mit der Darstellung von Dionysos-Szenen.

Museo d'Arte Ebraica (D 2)

Cannaregio 2902/B, Campo del Ghetto
So–Fr 10–17.30, Sa und an jüdischen Festtagen geschl.
Eintritt: 3 €
Bootslinien 41, 42, 51, 52: Guglie
Das kleine jüdische Museum im

alten Ghetto zeigt vor allem Kultgegenstände, wie Pessah- und Purim-Teller, Leuchter, aber auch einen Hochzeitsvertrag aus dem 18. Jh. (s. Extra-Tour 3, S. 88).

Museo d' Arte Moderna (E 3)
S. Croce, Calle Pesaro
Bootslinie 1: S. Stae
Z. Zt. wegen Restaurierung geschl. Was von den Biennalen in Venedig blieb: Werke u. a. von Rodin, Chagall, Kandinsky, Nolde, Klimt, Klee, De Chirico, Morandi und Juan Mirò.

Museo Civico Correr (F 6)
Piazza S. Marco
April–Okt. 9–19 Uhr,
Nov.–März 9–17 Uhr
Eintritt: 10 €, das Ticket gilt auch für Dogenpalast und Archäologisches Museum
Bootslinien 1, 82: Vallaresso
Landkarten, Schiffsmodelle und -teile, Münzen, Dogengewänder und viele andere Fundstücke geben im ersten Stock des Museums am Markusplatz einen Einblick in die Stadtgeschichte. Ebenso bedeutend ist die Pinakothek im zweiten Stock mit Bildern von Giovanni Bellini, Vittore Carpaccio, Hugo van der Goes u. a.

Museo dei Dipinti Sacri Bizantini (Ikonenmuseum, G 5)
Castello 3212, Ponte dei Greci
Mo–Sa 9–12.30, 13.30–16.30,
So 10–17 Uhr
Eintritt: 4 €
Bootslinien 1, 41, 52, 82:
S. Zaccaria
Die Ikonensammlung mit Darstellungen aus fünf Jahrhunderten ist in Italien einzigartig. Sie geht auf die einst große griechische Kolonie in Venedig zurück.

Museo del Settecento Veneziano (Ca' Rezzonico, C 6)
Dorsoduro,
Fondamenta Rezzonico
April–Okt. Mi–Mo 10–18,
Nov.–März Mi–Mo 10–17 Uhr,
Einlass nur bis 17 bzw. 16 Uhr
Eintritt: 7 €
Bootslinie 1: Ca' Rezzonico
Nach langer Restaurierung wurde das Museum 2001 wieder eröffnet. Der Palazzo am Canal Grande vermittelt einen einzigartigen Einblick in die Wohnkultur der venezianischen Adligen im 18. Jh. Mehrere Deckengemälde stammen von Giambattista Tiepolo. Sehenswert sind darüber hinaus die Bilder seines Sohns Giandomenico und die Darstellungen aus dem venezianischen Alltagsleben von Pietro Longhi. Im Obergeschoss wurde eine Apotheke des 18. Jh. rekonstruiert.

Museo Fortuny (E 5)
S. Marco 3780, Campo
S. Beneto

Neu: ›Casa Goldoni ‹

Im Geburtshaus von Carlo Goldoni werden Leben und Werk des Komödiendichters dokumentiert. Das Museum wurde nach seiner Restaurierung im November 2001 wieder eröffnet. S. Polo 2794, Calle dei Nomboli (D 5), Mo–Sa 10–17 Uhr (Nov.–März Mo–Sa 10–16 Uhr), Eintritt: 3 €, Bootslinien 1, 82: S. Tomà.

Bootslinie 1: S. Angelo
Wegen Restaurierung geschl.
Mariano Fortunys Stoffe brachten ihm *fortune:* Der Multi-Künstler (Maler, Designer, Fotograf und Architekt) kleidete in seine schweren, kunstvoll gefärbten Gewebe Weltstars wie Eleonora Duse, Isadora Duncan und Sarah Bernhardt. Sein venezianischer Palazzo verbreitet geheimnisvolle, leicht schwülstige Fin-de-siècle-Stimmung. Wann die Restaurierung abgeschlossen sein wird, ist nicht abzusehen, aber Sonderausstellungen finden auch während der Arbeiten statt (Auskunft: Tel. 041 520 09 95).

Scuole

Die *scuole* waren Bruderschaften, in denen sich das venezianische Bürgertum zur Verehrung bestimmter Heiliger, aber auch zu geselligen und karitativen Zwecken zusammenfand. Sie waren meist nach Berufsgruppen organisiert; ihre Mitglieder genossen großes Ansehen. 1806 wurden die Bruderschaften aufgelöst; einige entstanden im 19. Jh. neu. Als *scuola* bezeichnete man auch die Versammlungsgebäude dieser Gruppen. Für die Ausstattung verpflichtete man häufig bedeutende Künstler. Manche *scuole* sind daher wichtige Museen der venezianischen Malerei.

Museo Storico Navale (J 6)
Castello 2148, Riva S. Biagio
Z. Zt. wegen Restaurierung geschl.
Bootslinien 1, 41, 42: Arsenale
Das schönste Stück des Schiffahrtsmuseums: ein 1830 geschaffenes Modell des *bucintoro,* des Prunkschiffs der Dogen. Auch sonst ist die Geschichte der venezianischen Seefahrt gut dokumentiert: mit Bildern, Karten, Modellen und nautischen Geräten.

Palazzo Labia (C 2)
Cannaregio 275,
Campo S.Geremia
Mi, Do, Fr 15–16 Uhr nach Anmeldung: Tel. 041 78 12 77
Eintritt frei
Bootslinien 1, 52, 82: Ferrovia, 1, 82: S. Marcuola
Der große Salon des Palazzo – heute Sitz des staatlichen Rundfunk- und Fernsehsenders RAI –, ist mit einigen der schönsten Fresken von Gianbattista Tiepolo geschmückt.

Pinacoteca Querini Stampalia (G 5)
Castello 4778,
Campiello Querini Stampalia
So, Di–Do 10–13, 15–18 Uhr,
Fr, Sa 10–13,15–22 Uhr
Eintritt: 6,50 €
Bootslinien 1, 41, 52, 82
S. Zaccaria
Der kinderlose Graf Giovanni Querini Stampalia hinterließ 1868 seine Privatwohnung der Stadt; heute können Besucher sich hier ein Bild von der Wohnkultur reicher Venezianer des 19. Jh. machen, aber auch die Gemälde von Bellini, Palma d. Ä. und Pietro Longhi bewundern.

Scuola di San Giorgio degli Schiavoni (H 5)
Castello, Campo dei Furlani
Di–Sa 9.30–12.30, 15.30–18.30, So 9.30–12.30 Uhr
Eintritt: 3 €
Bootslinien 1, 41, 82, 52: S. Zaccaria
Das einstige Bruderschaftsgebäude der ›Slawen‹, d. h. der in Venedig ansässigen Dalmatiner, wurde 1502–07 von Vittore Carpaccio mit ansprechenden, zum Teil geradezu amüsanten Bildern ausgemalt. Köstlich, wie die Mönche mit wehenden Rockschößen vor dem zahmen Löwen des heiligen Hieronymus fliehen!

Scuola Grande di Santa Maria dei Carmini (B 6)
Dorsoduro 2716, Campo dei Carmini
Mo–Sa 9–18, So 9–16 Uhr
Eintritt: 4,50 €
Bootslinien 1: Ca' Rezzonico, 52, 61, 62: S. Basilio
In dem Baldassare Longhena zugeschriebenen Barockbau hat Giambattista Tiepolo neun Werke geschaffen, darunter ein großes Deckengemälde »Maria und der sel. Simon Stock«.

Scuola Grande di San Rocco (C 5)
S. Polo, Campo S. Rocco
Tgl. 9–17 Uhr, Eintritt: 5 €
Bootslinien 1, 82: S. Tomà
Die größte Tintoretto-Sammlung der Welt. 1564–88 schuf der Maler hier mehr als 60 großformatige Bilder mit Szenen des Alten und Neuen Testaments.

Parks und Gärten

Grünflächen sind in Venedig rar. Schon immer wich man auf die Dachterrassen – die *altane* – aus, wenn man ein Sonnenbad nehmen wollte. Kaum erwähnenswert, weil klein und ziemlich unruhig, sind der Giardino Papadopoli an der Piazzale Roma und die Giardini Ex Reali beim Markusplatz. Bleiben lediglich zwei ausgedehntere Anlagen:

Cimitero Comunale (G/H 1/2)
April–Sept. 7.30–18 Uhr, Okt.–März 7.30–16 Uhr
Bootslinien 41, 42: Cimitero
Tod in Venedig: S. Michele ist seit 1826 Friedhofsinsel. Vorher wurden die Adligen in den Kirchen, die Angehörigen des einfachen Volks auf den Plätzen der Stadt begraben. Die Renaissancekirche S. Michele in Isola mit einem Kreuzgang des 15. Jh. empfängt die Besucher. Ausländische Besucher pilgern vor allem zu den Gräbern des Komponisten Igor Strawinsky, des Ballett-Impresarios Sergej Diaghilew und des Dichters Ezra Pound.

Giardini Pubblici/ Parco delle Rimembranze (K 7)
Castello
Bootslinien 1, 41, 42, 52, 82: Giardini, 1, 41, 42, 52: S. Elena
In den Parkanlagen im entlegenen Ostteil der Stadt sind gewöhnlich kaum Touristen unterwegs. Hier hocken die Pensionäre zum Gespräch auf den Bänken, und junge Mütter beaufsichtigen ihre Kinder beim Spielen. Nur während der Kunstbiennale belebt sich das Gelände mit internationalem Publikum: Die Ausstellung moderner Kunst hat ihr Zentrum in den Giardini Pubblici.

Ausflüge ins Umland

Brenta-Villen

›Die Villen des Veneto‹ – das ist ein Begriff, denn die venezianischen Adligen ließen sich in den eroberten Gebieten des Festlands Tausende von Landsitzen errichten. Star-Architekt war Andrea Palladio (1508–80), dessen an antike Vorbilder anknüpfender Stil bis in die Südstaaten der USA und nach Südafrika gewirkt hat. Schon vor seiner Zeit, vor allem aber danach, boomte der Villenbau zwischen Venedig und Verona. Allein am Brenta-Kanal in unmittelbarer Nähe der Lagunenstadt liegen rund 125 Villen! Die berühmtesten sind öffentlich zugänglich; man kann sie auf organisierten Bootsausflügen von Venedig aus oder individuell mit Linienbussen bzw. Pkw besuchen.

Die **Villa Foscari** oder **Malcontenta** südlich von Mestre ist einer der bekanntesten Bauten Palladios. Sie zeigt die für den Künstler charakteristische Tempelfassade. Bemerkenswert ist auch die barocke **Villa Widmann-Foscari** kurz vor dem Ort Mira. 20 km weiter westlich liegt vor Strà die grandiose **Villa Pisani** (oder ›Villa Nazionale‹). Der barocke Prunkbau hat immer wieder die Mächtigen Europas angezogen: Napoleon kaufte sie 1807 (und verbrachte in der neu erworbenen Immobilie gerade eine Nacht), dann gelangte sie in den Besitz der Habsburger und bot u. a. einem russischen Zaren, einem österreichischen Kaiser und später den italienischen Königen Unterkunft. 1934 wählte Mussolini das Haus als Schauplatz seiner ersten Begegnung mit Hitler. Die Villa Pisani hat das alles glimpflich überstanden und ist immer noch das Glanzbeispiel einer barocken Residenz: mit großem Park, zahlreichen reich geschmückten Sälen und einem großen Tiepolo-Fresko im Tanzsaal.

Alle Villen sind gut mit den halbstündlich verkehrenden Linienbussen Venedig–Padua erreichbar (in Venedig ab Piazzale Roma). Öffnungszeiten:
La Malcontenta:
Di und Sa 9–12 Uhr.
Villa Widmann-Foscari:
Di–Sa 10–17, Nov.–März nur Sa, So 10–17 Uhr
Villa Pisani:
Tgl. 9–19, Okt.–März 9–16 Uhr.
Schiffsfahrten auf dem Brenta-Kanal mit der Besichtigung von drei Villen veranstaltet:
Il Burchiello: Tel. 049 66 09 44.
Tagestour: pro Person 62 €.

Lido/Pellestrina/Chioggia

»Tod in Venedig«, Filmfestspiele, Baderummel – auf dem **Lido** ist immer was los, seit 1857 der dynamische Unternehmer Giovanni Busetto hier das erste Strandbad errichtete. Auf der einen Seite die

Die Lagune

Die Lagune von Venedig wird gegen die Adria durch drei *lidi* – lang gestreckte Inseln – abgegrenzt; sie bildet einen flachen, über 40 km langen und 8–12 km breiten Meerwassersee mit Hunderten von Inseln. Schon immer konnte ihr kompliziertes Ökosystem nur durch menschliche Eingriffe erhalten werden; die Republik Venedig leitete z. B. den Fluss Brenta ab, um die Versandung zu verhindern und befestigte die Lidi gegen die Erosion. Im 20. Jh. sind neue Gefahren entstanden. Die Vertiefung der Kanäle für die Durchfahrt großer Öltanker, die Verringerung der Wasserfläche durch Trockenlegung und Betonierung sowie das Absinken des Lagunengrunds durch Wasserentnahme haben die Strömungsverhältnisse verändert und tragen dazu bei, dass Venedig häufiger vom Hochwasser heimgesucht wird. Industrielle Schadstoffe im Wasser führen zur Korrosion an den Grundmauern der Bauten. Damit ist Venedigs Untergang nicht besiegelt, wie manche Propheten behaupten. Aber es bedarf großer Anstrengungen, um dauerhafte Schäden von der Stadt fern zu halten.

Adria, auf der anderen Venedig – nur 15 Min. entfernt –, da war der touristische Boom gar nicht vermeidbar, und um die Wende zum 20. Jh. trafen sich am Lido die *upper ten* aus aller Welt. Mittlerweile gibt's exklusivere Ferienorte, aber die Luxushotels stehen noch, und eine gewisse Eleganz hat sich der Lido mit seinen Bürgerhäusern und Geschäften bewahrt. Luchino Visconti fand im Grand Hotel des Bains 1971 die richtige Atmosphäre für seine Verfilmung von Thomas Manns Novelle.

Ungewohnt, wenn man direkt aus Venedig kommt, ist der Autoverkehr. Mit dem Bus (oder auch mit dem Fahrrad, s. S. 58) kann man den ganzen, 12 km langen Landstreifen entlangfahren und übersetzen auf den angrenzenden Lido di Pellestrina, wo die hübschen Fischerdörfer **San Pietro in Volta** und **Pellestrina** weit entfernt scheinen vom venezianischen Trubel. Hier lässt es sich gut am Wasser entlangbummeln – und Fisch essen. Wer mag, kann mit dem Schiff noch weiterfahren bis **Chioggia.** Das Fischerstädtchen am Südrand der Lagune hat Kanäle und Brücken wie Venedig; die Fußgänger und Schiffe müssen sich aber den städtischen Raum mit den Autos teilen. Auf den Straßen und Plätzen geht es laut, lebhaft und ›normaler‹ zu als in Venedig.

Lido: Bootslinien 1, 51, 82 ab S. Marco Vallaresso, bzw. S. Zaccaria,
Fahrtzeit: jeweils rund 15 Min.
Autofähre *(traghetto)* ab Isola del Tronchetto, Fahrtzeit 35 Min.

Am Lido ist immer etwas los: Hier trifft man Freunde, kann faulenzen und den neusten Klatsch austauschen

Weiterfahrt nach San Pietro in Volta/Pellestrina: Buslinie 11, häufige Verbindungen, Fahrtzeit: 40 Min.
Zwischen Pellestrina und **Chioggia:** Schiffe etwa stündlich, Fahrtzeit: 25 Min.
Direkte Busverbindung Chioggia–Venedig: ab Piazzale Roma alle 30 Min., So, feiertags jede Std., Fahrtzeit: 50 Min.

Padua

Einwohner: 220 000
Lage: 40 km von Venedig
Stadtplan: Rückseite Faltplan

Farbige Märkte, studentisches Leben, heilige Stätten, große Kunst – Padua bietet alles, was italienische Städte reizvoll macht. Eine halbstündige Bahnfahrt führt in Venedigs ungewöhnlich schöne Nachbarstadt. Für katholische Gläubige ist Padua vor allem die Stadt des hl. Antonius. Der stammte zwar aus Portugal, wirkte und starb aber in Padua. Zu seinem Grab in der Antonius-Basilika strömen zu jeder Jahreszeit die Pilger – auch die ›Kunstpilger‹, denn der Bau enthält schöne gotische Fresken von Altichiero Altichieri und Reliefs von Donatello.

An Kunstwerken ist Padua ohnehin ungewöhnlich reich: von den Giotto-Fresken in der Cappella Scrovegni über die Mantegna-Bilder in der Eremitanerkirche zu den Tizian-Gemälden in der Scuola di Sant' Antonio, vom Donatello-Standbild des Söldnerführers Gattamelata zum schönen Rathaus, dem Palazzo della Ragione, vom farbenfroh ausgemalten Baptisterium zur hübschen Renaissanceloggia ›del Consiglio‹. Das lässt sich auf einem Ausflug nicht alles betrachten, aber auf jeden Fall kann man ein wenig Kleinstadt-Atmosphäre schnuppern: auf dem Vormittagsmarkt beim Rathaus, in den lebhaften Fußgängerstraßen, im klassizisti-

Burano: Leinen mit bunter Wäsche flattern dem Besucher zur Begrüßung entgegen

schen Caffè Pedrocchi, einem der traditionsreichsten Kaffeehäuser des Landes.

Bahn: etwa stündlich, 30–40 Min. Fahrzeit.

Torcello & Burano

Schon die Anreise durch die Lagune begeistert: Man schaut auf den großen Wasserspiegel, die verstreuten, meist verlassenen Inseln und sieht bei gutem Wetter sogar die Bergsilhouette der Dolomiten. **Torcello** zieht Massen von Touristen an, die vor allem zur eindrucksvollen Kathedrale Santa Maria Assunta pilgern. Die Kirche ragt hoch auf der fast verlassenen Insel auf; der Innenraum ist mit Mosaiken des 12./13. Jh. geschmückt, darunter eine figurenreiche Darstellung des »Jüngsten Gerichts«. Neben der Kathedrale steht die romanische Rundkirche Santa Fosca aus dem 11. Jh., ein paar Schritte weiter das bekannte, auf Hemingways Spuren gern von Prominenz besuchte Restaurant ›Locanda Cipriani‹. Viel mehr Gebäude gibt es auf der stillen Insel nicht; man kann sich kaum vorstellen, dass sich hier in der Völkerwanderungszeit eine Stadt von 20 000 Einwohnern befand.

Auf der Nachbarinsel **Burano** findet man dann ein fast unwirklich fotogenes Dorf schmucker, farbiger Häuser an kleinen Kanälen. Hier werden traditionell Spitzen gedreht und geklöppelt, und überall bieten die einheimischen Frauen Decken, Taschentücher und Damenunterwäsche zum Verkauf. Kunstinteressierte finden in der Kirche San Martino eine »Kreuzigung« von Tiepolo.

Anfahrt: Bootslinien 12,14 ab Fondamenta Nuove, Fahrzeit: 50 Min.
Zwischen Torcello und Burano: ebenfalls Linien 12 und 14, Fahrtzeit: 5 Min.

EXTRA-

Fünf Extras in der ›Stadt der Gondeln‹

1. Venedig – Hier spielt die Musik: Auf den Spuren von Komponisten zu Theatern und Opernhäusern
2. Die Plätze Venedigs – Zentren des geselligen Lebens: Vom Markusplatz durch das Viertel San Marco zum Campo di San Polo

Touren

3. Juden in Venedig – Ein Gang durch das ehemalige Ghetto: Zum jüdischen Museum und zu den Synagogen

4. Murano – Ein Ausflug zur Insel des Glases

5. Gondeln, Mode und Masken – Eine Einkaufstour: Zu den besten Kunsthandwerksläden in Castello, San Marco und Dorsoduro

EXTRA Tour 1

Venedig – Hier spielt die Musik

»Wenn ich ein anderes Wort für Musik suche, so finde ich immer nur das Wort Venedig«, schrieb Friedrich Nietzsche, und das ist mehr als nur eine poetische Gedankenverbindung. Venedig war immer eine Musikstadt. Im 15. Jh. musste nächtliches Trompetenblasen ausdrücklich durch ein Dekret verboten werden, im 18. Jh. beobachtete ein französischer Reisender: »In jedem Haus wird ein Instrument gespielt und gesungen; überall macht jeder Musik oder hört ihr zu.« Venezianische Instrumentenmacher waren berühmt; die Musikverlage nahmen eine führende Stellung in Europa ein; in Venedig stand das erste öffentlich zugängliche Opernhaus, zeitweise wurden an fünf Theatern gleichzeitig Opern aufgeführt; hier wirkten Komponisten wie Monteverdi, Vivaldi, Albinoni, Marcello.

In der Kirche **San Giovanni in Bragora** wurde am 6. Mai 1678 Antonio Vivaldi getauft; er wohnte bis zu seinem 28. Lebensjahr im Geburtshaus am gleichen Platz, das man allerdings nicht genau identifizieren kann (eines der Häuser zwischen N. 3805 und 3809). 1703–38 unterrichtete der Komponist am nahe gelegenen **Ospedale della Pietà** an der Riva degli Schiavoni. Die *ospedali* waren, anders als der Name vermuten lässt, keine Krankenhäuser, sondern Asyle für sozial Benachteiligte: Kranke, Arme, Alte, Waisen. In den vier wichtigsten *ospedali* erhielten Waisenmädchen Musikunterricht auf hohem Niveau. Im 17. und 18. Jh. waren die venezianischen *ospedali* die einzigen Stätten in Europa, wo Frauen dirigierten und Musikunterricht gaben. Diese Waisenhäuser zogen Berufsmusiker aus anderen Ländern an; sie wurden zum Vorbild für die späteren Konservatorien. Im Ospedale della Pietà studierten unter anderem Domenico Scarlatti und Benedetto Marcello. In der benachbarten **Chiesa della Pietà** führte Vivaldi viele seiner Werke auf. Wenige Schritte entfernt steht das traditionsreiche Hotel **Londra Palace**. Mit dem Blick auf die Lagune komponierte Tschaikowsky hier seine 4. Sinfonie.

Ein weiterer Ort der Musik ist auch der **Markusplatz** – nicht nur wegen der flotten Kaffeehausmusiker, die sich hier quer durchs

Im ›Quadri‹ an der Piazza San Marco: Sightseeing zu internationalen und venezianischen Rhythmen

Unterhaltungsrepertoire spielen. Schon immer sind auf der Piazza Musiker aufgetreten: Die Prozessionen der Dogen waren von Trompetenschall begleitet, Pietro Mascagni hat hier seine »Cavalleria Rusticana« dirigiert, ein Pink-Floyd-Konzert führte 1989 zum völligen Chaos. Richard Wagner konnte sich 1858 einige seiner Ouvertüren in der Fassung des österreichischen Marineorchesters anhören. Zum Ärger des Meisters applaudierte niemand – die Venezianer rührten für die Band der Besatzungsarmee grundsätzlich keinen Finger.

Links von der Markuskirche gelangt man zum **Ponte della Canonica**, wo im Lokal ›Ai Musicanti‹ venezianische Musik gespielt wird – eine ausgesprochene Touristenveranstaltung, aber die Qualität ist meist gut.

Nächstes Ziel ist das Opernhaus **La Fenice**, das nach dem Brand 1996 gegenwärtig wieder aufgebaut wird (s. S. 68). Wenige Schritte entfernt erinnert am **Ponte dei Barcaroli** (Haus Nr. 1830) eine Gedenktafel an Mozarts Venedig-Aufenthalt in diesem Haus vom 11. Feb. bis 12. März 1771.

Auf dem Weg zum Campo San Stefano findet man in einem Innenhof linker Hand (Calle dello Spezier 1765) das **Musikgeschäft Nalesso** mit einer reichen Auswahl an Noten, Kassetten und CDs speziell zur venezianischen Musik. Von hier geht man Richtung Rialto-Brücke. Unterwegs hört man nicht selten das Lied eines Gondelsängers, der mit vorzüglicher Stimme leicht eine Flotte von bis zu sechs Booten beschallt. Das Repertoire ist nur zum kleineren Teil venezianisch: Die Touristen hören lieber ›typisch italienische‹ Lieder wie »O sole mio«. Das aber ist neapolitanische Musik – für Venedig so charakteristisch wie Jodeln für Kiel.

Vom Rialto gelangt man zum **Teatro Malibran**, dem einst größten der Stadt. 1678 eröffnet, diente es bis 1747 ausschließlich für Opernaufführungen. Ursprünglich hieß es ›Teatro di San Giovanni Crisostomo‹. Aber 1835 erntete die Sängerin Maria Malibran in der »Sonnambula« von Bellini solche Triumphe, dass der begeisterte Besitzer sein Theater nach dem Bühnenstar benannte.

Dauer: ca. 2 Std.

EXTRA Tour 2

Städtische Plätze – Zentren des geselligen Lebens

»Den schönsten Salon der Welt« hat Napoleon die **Piazza San Marco** genannt – und sie gleich noch dadurch ›verschönert‹, dass er die alte Kirche San Geminiano an der Westseite abreißen ließ. Das ist inzwischen längst vergessen, ebenso wie der Einsturz des Campanile am 14. Juli 1902. Unbeschadet sind die Cafés – das ›Florian‹, das ›Quadri‹, das ›Lavena‹ – durch die Jahrhunderte gelangt, und ihre Musiker lassen mit Tik-Tak-Polka und Astor Piazzolla die Zeit stillstehen. Durch die Akkordeon- und Geigentöne dringt das Gurren der Tauben, die sich aufführen, als gehöre ihnen der Platz. Nicht zu Unrecht: Sie bleiben da, die Touristen gehen wieder.

Nichts wie weiter – um spät am Abend wiederzukommen, wenn auf San Marco weniger los ist. Auf dem nahe gelegenen **Campo San Zaccaria** ist es auch tagsüber ruhiger. Ein Blick in das Geschäft von Paolo Rossi (N. 4685), der wunderschöne Imitate historischer Gläser anfertigt. Ein Gedanke an Mozart, der 14-jährig von der Nonne Maria Priuli zum Abendessen ins Zaccaria-Kloster eingeladen wurde. Natürlich mit Papa Leopold, denn der Konvent war als sittenlos bekannt. Seine frommen Insassinen, meist Töchter der venezianischen High-Society, genossen ihre Privilegien und trieben, was sie wollten.

Über die Fondamenta dell' Osmarin und die Ruga Giuffa gelangt man in 5 Min. zum hübschen **Campo Santa Maria Formosa**. Der weite Platz um die gleichnamige Renaissancekirche diente früher für Stierjagden und Freilicht-Theater. Heute stehen hier ein paar Marktstände, einige Bars. Ein paar Schritte weiter lockt am **Campo Santa Marina** die Pasticceria Didovich zu einer Kuchenpause.

Übrigens: *Piazza* nennt sich in Venedig – im Unterschied zu anderen italienischen Städten – nur der Markusplatz; alle anderen Plätze sind *campi,* was eigentlich ›Felder‹ bedeutet. Doch egal, ob *piazza* oder *campo* – immer sind die venezianischen Plätze Treffpunkte der Einheimischen und Fremden, auf denen geschwatzt, getrunken, gelacht wird. Das zeigt sich besonders deutlich am

Sehr gesellig: Auf der Piazza San Marco rücken die Tauben den Besuchern oft auf die Pelle

Campo San Bartolomeo direkt unter der Rialto-Brücke. Hier versammeln sich zu jeder Tageszeit die Einheimischen unter dem Denkmal des Komödiendichters Carlo Goldoni. »Keck, launig, lachend, gehört er unter das Volk, das ihn umgibt«, hat schon Gerhart Hauptmann über den steinernen Dichterkollegen bemerkt.

Ein ebenso belebter und beliebter Platz ist der **Campo San Luca**. Er bewahrte trotz ständigen ›Durchgangsverkehrs‹ einen abgeschlossenen, fast intimen Charakter. Die Konditorei Rosa Salva ist bei den Venezianern beliebt, aber auch die Kuchen des nahe gelegenen Bäckerladens Il Fornaio (N. 4579) können sich sehen lassen.

Über den **Campo Manin** mit dem unschönen modernen Sparkassengebäude und den **Campo San Angelo,** wo im gotischen Palazzo N. 3584 der Komponist Domenico Cimarosa lebte und starb, erreicht man den ausgedehnten **Campo San Stefano**, wiederum ein Treffpunkt ersten Ranges. Der Schriftsteller Niccolò Tommaseo, ein Widerstandskämpfer gegen die österreichische Fremdherrschaft im 19. Jh., blickt von seinem Denkmalssockel auf ein reges Treiben – vor allem in den Cafés und der beliebten Eisdiele Paolin.

Noch Lust und Kraft für weitere Plätze? In Venedig gibt es genügend. Zwei der schönsten warten am anderen Ufer des Canal Grande, 15–20 Gehminuten entfernt. Der **Campo di Santa Margherita** ist vormittags Schauplatz eines kleinen Fisch- und Gemüsemarkts, abends Zentrum des studentischen Lebens. In den vielen kleinen Cafés und Eisdielen um den Platz kann man sich aber zu jeder Tageszeit wohl fühlen.

Und der **Campo San Polo** schließlich, zweitgrößter Platz der Stadt nach der Piazza San Marco, erfreut mit seinen Bäumen (eine Seltenheit im steinernen Venedig), seiner Weiträumigkeit, den spielenden Kindern. Hier kann man lange ausruhen, Bänke stehen da – und selbstverständlich wieder ein Café ...

Dauer: ca. 3 Std.

Extra Tour 3

Juden in Venedig – Ein Gang durch das ehemalige Ghetto

Wie viele andere Handels- und Hafenstädte – Amsterdam und Hamburg, London und Livorno – war Venedig kosmopolitisch und relativ tolerant. So wurde es im Mittelalter ein bevorzugter Zufluchtsort der Juden, die sich hier vor christlichen Mitbürgern weniger zu fürchten hatten als anderswo. Doch unterwarf auch die Republik Venedig die Juden besonderen Vorschriften und diskriminierenden Gesetzen. Viele Berufe waren ihnen verschlossen. Alle fünf Jahre mussten sie eine Verlängerung der kollektiven Aufenthaltserlaubnis teuer erkaufen. Und: Sie waren gezwungen, in einem eigenen Viertel zu leben, das sie nur tagsüber verlassen durften. Abends um elf wurden die Tore verschlossen; wer sich dann noch außerhalb des Ghettos aufhielt, wurde hart bestraft.

Ähnliche Regeln galten allerdings in Venedig generell für fremde Volksgruppen. Man versuchte, auch Deutsche, Türken, Griechen unter Aufsicht zu halten. Sondersteuern aber wurden ihnen nicht abverlangt. Zudem lebten die Juden auf besonders engem Raum. Im 16. Jh. wohnten immerhin 5000 von ihnen in Venedig, gut 3 % der Gesamtbevölkerung. Ausnahmslos siedelte man sie in einem kleinen Bereich im Nordwesten der Stadt an, in der Nähe des heutigen Bahnhofs. Nirgendwo in Venedig wurden die Häuser so hochgezogen wie hier – nur in fünf- oder sechsstöckigen Bauten war die Masse der Bewohner unterzubringen.

Heute ist das Ghetto kein eigentliches jüdisches Viertel mehr. Zwar leben noch rund 600 Juden in Venedig; aber nur 30 von ihnen wohnen in diesem Bezirk. Man betritt ihn von der Fondamenta di Cannaregio durch den Sottoportego del Ghetto Vecchio. Linker Hand befindet sich das **Restaurant Gam-Gam** (Sottoportego del Ghetto Vecchio, Cannaregio 1122, Tel. 041 71 52 84, Fr und Sa geschlossen), in dem koschere Speisen serviert werden und unter dessen Gästen daher jüdische Besucher aus aller Welt sind.

Gleich darauf hängt am **Haus Nr. 1131** eine steinerne Tafel von 1704 mit einem Dekret des Senats, das jüdischen Konvertierten ver-

Stille Gassen und ruhigere Gewässer: im venezianischen Ghetto

bietet, die Häuser des Ghettos zu betreten; zur Abschreckung drohte man drakonische Strafen an. Juden, die zum Christentum übertraten, mussten jeden engeren Kontakt zu den ehemaligen Glaubensgenossen aufgeben. Damit wollte die venezianische Regierung Scheinübertritte verhindern.

Am folgenden Campo del Ghetto Vecchio stehen die **Levantinische Synagoge** und die **Spanische Synagoge**. Sie wurden von Sephardim errichtet, jenen Juden also, die nach der Vertreibung aus Spanien 1492 entweder direkt oder auf dem Umweg über Nordafrika und die Türkei nach Venedig gelangten. Über den Ponte del Ghetto Vecchio gelangt man auf den Campo del Ghetto Nuovo mit dem **Museo d'Arte Ebraica** (s. S. 74). Das kleine jüdische Museum zeigt vor allem Kultgegenstände. Von hier aus sind auf einem geführten Rundgang die Synagogen zugänglich (Führungen auf Italienisch und Englisch). Während die spanische und die levantinische Synagoge groß und prunkvoll eingerichtet sind, befinden sich die schlichten Gebetshäuser der Italiener, Franzosen und Deutschen am Campo del Ghetto Nuovo in Privathäusern.

Paradoxerweise ist das ›Ghetto Nuovo‹ der älteste Teil des Judenviertels. Der Begriff ›Ghetto‹, der später für alle Judenviertel verwandt wurde, stammt aus Venedig. Man nimmt an, dass er auf *gettare* zurückgeht: auf den italienischen Begriff für das Schmelzen von Metallen, denn in dieser Gegend standen mehrere Waffenfabriken. Übrigens wurde *gettare* deutsch ausgesprochen (mit ›g‹ statt italienisch ›dsch‹). Als das Ghetto um 1520 eingerichtet wurde, stammte die Mehrzahl der Juden Venedigs aus Deutschland. Regelrechte Judenpogrome gab es in Venedig nie – bis zum Dezember 1943, wenige Monate nach der Machtübernahme der Deutschen in Norditalien. Damals zählte die jüdische Gemeinde in Venedig 1200 Mitglieder. Etwa 200 von ihnen wurden in Konzentrationslager verschleppt und ermordet. Die anderen konnten sich retten; manche flohen rechtzeitig, viele versteckten sich mit Hilfe von Freunden und Verwandten bis zum Kriegsende.

Dauer: 3 Std.

EXTRA Tour 4

Murano – Die Insel des Glases

Hongkong und Singapur machen Konkurrenz – aber noch immer gibt es auf Murano Dutzende von Glasmanufakturen. Seit 700 Jahren ist Murano-Glas ein Qualitätsbegriff. 1292 bestimmte der venezianische Senat, dass Glaswerkstätten nur noch auf dieser Insel stehen durften – angeblich wegen der Brandgefahr in Venedig, in Wirklichkeit wohl eher, weil man durch die Konzentration der Betriebe die Handwerker besser kontrollieren konnte. Denn die Produktionsverfahren waren alles andere als ›gläsern‹: Sie galten als Staatsgeheimnis. Auf ihren Verrat stand Gefängnis oder sogar die Todesstrafe. Die Glasbläser hatten viele Privilegien und ein strenges Verbot: Sie durften auf keinen Fall auswandern. Der venezianische Geheimdienst setzte ihnen andernfalls nach, um sie noch im Ausland zu eliminieren.

Das Spektrum der Glas-Objekte ist unendlich groß: Vom riesigen Kristall-Lüster reicht es bis zum Mini-Seepferdchen oder den kleinen Glasperlen, den *margarite.* Die waren früher viel wert: Die venezianischen Kaufleute tauschten damit Gewürze und Seide im Orient ein. Edle Damen hängten Tausende solcher Perlen an ihre Roben.

Das **Glasmuseum** im **Palazzo Giustinian** (Museo Vetrario, Fondamenta Giustinian, April–Okt. Do–Di 10–17, Nov.–März Do–Di 10–16 Uhr) zeigt die ganze Fülle der Glaskunst aus vielen Jahrhunderten. Unter den rund 4000 Exponaten sind Lüster, Lampen, Teller, Gläser, Schalen, aber auch Spiegel (die in Venedig erfunden wurden), Reliquienbehälter, Skulpturen … Prunkstück der Sammlung ist die Coppa Barovier, eine Hochzeitsschale aus tiefblauem Glas mit Email-Dekoration und den Köpfen des glücklichen Paars. Andrea Barovier hat sie um 1480 geschaffen. Die meisten Ausstellungsgegenstände wurden in Murano gefertigt, daneben sind aber auch ägyptische, römische, spanische und böhmische Objekte zu sehen; besonders interessant wirken die zeitgenössischen Glas-Kunstwerke.

Als einer der ertragreichsten Produktionszweige genoss das Glasbläserhandwerk in Venedig immer eine privilegierte Stellung.

In Murano ist alles aus Glas: Auch die Trauben hängen nicht zu hoch

Die Glaser hatten eine eigene Selbstverwaltung; die Zunftmitglieder durften sich wie die Adligen in ein besonderes ›Goldenes Buch‹ eintragen. Sozialvorschriften waren selbstverständlich. Für die Arbeiter gab es Kündigungsschutz, Renten, arbeitsfreie Monate; die Kinder der Glaser besuchten eigene Schulen. Die Glaser waren zudem die einzigen Bürger, deren Töchter problemlos in das Patriziat einheiraten konnten. Normalerweise verlor ein Adliger, der eine Bürgerliche ehelichte, seine gesellschaftlichen Privilegien; nur bei Glasertöchtern galt die harte Regel nicht.

Vom Museum lohnt der kurze Abstecher zur romanischen Kirche **SS. Maria e Donato**. Die eleganten Apsiden springen sofort ins Auge. Im Innenraum begeistern das Marien-Mosaik aus dem 15. Jh. und der ungewöhnliche Mosaikfußboden mit Tierdarstellungen.

Über die Fondamenta Cavour und den Ponte Vivarini gelangt man zu den **Fondamenta dei Vetrai**, dem ›Ufer der Glasbläser‹, wo sich noch heute die meisten Werkstätten befinden. Hier steht auch der Dom **San Pietro Martire** aus dem 14.–16. Jh. – natürlich mit großen Glaslüstern im Innenraum. Sehenswert ist auch das farbenfrohe Bild der »Madonna mit Heiligen« von Giovanni Bellini. Die Glasmanufakturen, die sich in diesem Gebiet konzentrieren, sind fast ausnahmslos für Besucher geöffnet. Man kann – ohne jeden Kaufzwang! – den Handwerkern dabei zusehen, wie sie die rot glühenden Glasbälle aufblasen, auseinanderziehen, mit Zangen kunstvoll formen und dann abkühlen lassen.

Übrigens: Murano bietet, vom Glas einmal abgesehen, auch viele atmosphärische Reize. An vielen Stellen wirkt es wie ein ins ›Proletarische‹ übersetzte Venedig, mit einfachen Häusern und schlichten Gassen statt der vornehmen Palazzi. Doch auch hier wölben sich geschwungene Brücken übers Wasser, tuckern Boote durch die Kanäle, hört man die hallenden Schritte der Fußgänger …

Bootslinie 42 ab Piazzale Roma, Bahnhof; 12, 14, 41, 42 ab Fondamenta Nuove, Fahrtzeit: 10 Min.
Dauer: etwa 1/2 Tag

Extra Tours

Gondeln, Mode, Masken – Eine Einkaufstour durch Venedig

Die Einkaufsmöglichkeiten in Venedig sind unerschöpflich. Die Traditionen des Kunsthandwerks blühen, oft in den interessantesten modernen Variationen. Und die starke Nachfrage durch die Touristen trägt dazu bei, dass Venedig eine Fülle reizvoller Läden aufweist wie gewiss keine andere Kleinstadt. Eine Original-Gondel werden Sie sich kaum leisten wollen (Stückpreis: 30 000 €), aber vielleicht ein Gondelteil als Kunstwerk? Der Tischler Giuseppe Carli hatte vor vielen Jahren die geniale Idee: Die Halterungen, in denen die *gondolieri* ihre Ruder abstützen, sind – für sich betrachtet – abstrakte Skulpturen. Seither schuf Carli Plastiken aus diesen *forcole.* Inzwischen hat sich der Mann zurückgezogen, doch sein Mitarbeiter und Nachfolger Saverio Pastor fertigt weiterhin die Gondel-Kunstwerke im **Spazio Legno**, in der Nähe des Arsenals (Castello 3865, Fondamenta del Tintor, Tel. 041 522 56 99).

Nur wenige Schritte entfernt schafft **Alessandro Merlin** in seiner Töpferei (Castello 3876, Calle del Pestrin, Tel. 041 522 58 95) originelle Kreationen mit erotischem Touch.

Über die Uferpromenade Riva degli Schiavoni oder durch das Gassengewirr bei San Giorgio dei Greci gelangt man zum Campo San Zaccaria. In der nahe gelegenen Calle San Provolo bietet **Anticlea Antiquariato** (Castello 4719/A) ein durchaus ästhetisches Durcheinander aus Porzellanfiguren, Gläsern, alten Bildern, Keramiken und einer Riesenauswahl an Glasperlen.

Nicht weit entfernt findet man bei **E. Kerer** (Castello 4328/A, Calle Canonica, Tel. 041 523 54 85) noch handgearbeitete Spitzen und handbestickte Tisch- und Bettwäsche. Die meisten Stoffe werden heute allerdings in China hergestellt, denn in Venedig und auf den Inseln der Lagune gibt es kaum noch Frauen, die zwei oder drei Monate an einem Tuch arbeiten wollen.

An der Nordseite der Kirche San Marco haben dann zwei der renommiertesten Glasfirmen Muranos (s. Extra-Tour 4, S. 90) ihre

Traditionelles Handwerk: Auf den *squere* (Werften) kann man den ›Gondelmachern‹ über die Schulter schauen

Läden. **Pauly** (S. Marco 317, Piazzetta dei Leoncini, Tel. 041 520 98 99) verkauft klassische und gemäßigt moderne Murano-Kreationen, **Venini** (S. Marco 314, Piazzetta dei Leoncini, Tel. 041 522 40 45) bietet modernes Glas-Design von vollendeter Eleganz.

Über den Markusplatz, die Salizada di San Moisé, die Via XXII Marzo geht es zum Campo San Maurizio. Ganz in der Nähe tönt Musik aus einem Innenhof: Das Musikgeschäft **Nalesso** (S. Marco 2765/d, Calle del Spezier, Tel. 041 520 33 29) bietet eine große Auswahl an Noten und CDs. Am angrenzenden Campo San Stefano lohnt der Laden des Handwerkers **Gianni Cavalier** den Besuch (S. Marco 2863/a, Campiello Loredan, Tel. 041 523 86 21): Er ist auf Rahmen und Vergoldungen spezialisiert und stellt auch hübsche Putten her. An der anderen Seite des Platzes findet man bei **Alberto Valese** (S. Marco 3471, Campiello S. Stefano, Tel. 041 520 09 21) handgeschöpftes Papier mit schönen farbigen Motiven.

Vom Campo San Stefano geht die Calle de le Boteghe ab, in der sich viele Galerien und Antiquariate befinden, darunter das noble Geschäft **Antiquus** (S. Marco 3131, Tel. 041 523 25 01, s. S. 44). In der anschließenden Salizzada San Samuele geht es weiter mit den Kunstläden. **Luigi Benzoni** (S. Marco 3339, Tel. 041 528 16 60) stellt interessante Glasskulpturen und Gemälde aus, der Holzbildhauer **Livio de Marchi** (S. Marco 3157/A, Tel. 041 528 56 94) produziert originelle Plastiken: überdimensionale hölzerne Krawatten, Handschuhe, Einkaufstaschen …

Zurück zum Campo San Stefano und über die Accademia-Brücke auf die andere Seite des Canal Grande. Vor der Accademia-Galerie rechts, über den nächsten Kanal wieder nach rechts zur **Libreria Toletta** (Dorsoduro 1214, Calle della Tolletta, Tel. 041 523 20 34) mit einem Riesenangebot an Büchern – viele davon zu herabgesetzten Preisen. Vor der Accademia links gehend, gelangt man über die Piscina del Forner zur Calle della Chiesa, wo Hélène Ferruzzi in dem Laden **Norelene** (Dorsoduro 727) wunderschöne handbedruckte Stoffe verkauft.

Impressum/Fotonachweis

Fotonachweis

Titel: Auf Venedigs Kanälen
S. 1: Café-Szene mit Touristin
S. 2/3: Gondeln an der Riva degli Schiavoni, im Hintergrund San Giorgio Maggiore
S. 4/5: Im Taubengewirr auf der Piazza San Marco
S. 20/21: An der Mole der Pescaria di San Bartolomeo

Dieter Klein/laif (Köln) Titelbild, S. 1, 4/5, 10, 40/41, 49, 62, 93
Michael Schwerberger/Das Fotoarchiv (Essen) S. 20/21, 50/51, 53, 80
E. Wrba (Sulzbach) S. 2/3, 6/7, 8 (links), 8/9, 9 (rechts), 26, 27, 30, 32, 35, 37, 43, 45, 47, 59, 67, 69, 70/71, 72, 85, 89, 91
Fulvio Zanettini/laif (Köln) S. 65, 81, 87

Kartografie:
Berndtson & Berndtson Productions GmbH, Fürstenfeldbruck

Alle in diesem Buch enthaltenen Angaben wurden vom Autor nach bestem Wissen erstellt und von ihm und dem Verlag mit größtmöglicher Sorgfalt überprüft. Gleichwohl sind inhaltliche Fehler nicht vollständig auszuschließen. Ihre Korrekturhinweise und Anregungen greifen wir gern auf.
Unsere Adresse: DuMont Reiseverlag, Postfach 101045, 50450 Köln, www.dumontreise.de, E-Mail: info@dumontreise.de

Die Deutsche Bibliothek – CIP-Einheitsaufnahme

Hennig, Christoph :
Venedig / Christoph Hennig.
- Köln : DuMont, 2002
(DuMont Extra)
ISBN 3-7701-5804-0

Grafisches Konzept: Groschwitz, Hamburg

Druck: Rasch, Bramsche
Buchbinderische Verarbeitung: Bramscher Buchbinder Betriebe
ISBN 3-7701-5804-0

Register